THICK
DESCRIPTION

传递历史主线的脉动

丛书主编　王东杰

扎布让的黄昏

1630年古格王朝的危机及其灭亡

黄博 著

巴蜀书社

总序

“深描”（thick description）两字广为人知，大概主要得力于人类学家克利福德·格尔茨（Clifford Geertz）的使用；而格尔茨又明言，这个词是他从哲学家吉尔伯特·赖尔（Gilbert Ryle）那里借来的。格尔茨解释何谓“深描”，举的都是赖尔用过的例子：一个人眨了下眼，他可能就只是眨眼而已，用来缓解一下视觉疲劳，但也可能是跟对面的朋友发送了一个心照不宣的信号，或者是在模仿取笑第三个人，甚或可能只是一个表演前的排练。我们要确切把握行为者的真实意图，不能依靠对动作的“浅描”（thin description）——比如，某人正在迅速张开又合上他的右眼——而是要提供一套对其“意涵”加以破解的方式：这意涵由行为者所在的社会与文化共识决定（也离不开物质和生理条件的制约）。照我理解，最粗浅地说，“深描”即是将对象放在其所在的具体语境中加以理解。它得以成立的理论上的前提，则是相信人是一种追求并传达“意义”的动物。

编者相信，“深描”不是一种固定的研究手段，而是一种观察世界的方法。世界如许广阔，收入这套丛书的著作，当然也不限一个学科。其中以史学作品居多，那自然同编者自己的学科训练及交游局限有关，但也收入人类学、社会学、文学史、艺术史、科技史、哲学史、传媒研究的著述。若说它们有什么共同之处，那主要是形式上的：每本书的体量都不大，约在8万—12万字上下——这种篇幅在现行学术考评体制下颇为尴尬，作为论文似乎太长，作为专著又似乎太短；方法上，秉承“小题大做”原则，力图透过对具体而微的选题进行细致深密的开采，以传递历史主线的脉动，收到“因小见大”的效果。丛书所收皆是学术著作，但也希望有更广的受众，因此在选题方面，希望多一点风趣，不必过于正襟危坐、大义凛然；在表述上以叙事为主，可是也要通过深入分析，来揭晓人事背后的“意义”，同时力避门墙高峻的术语，追求和蔼平易、晓畅练达的文风——然而这却不只是为了要“通俗”的缘故。而是因为编者以为，“史”在中国本即是“文”，20世纪以来学者将此传统弃置脑后，结果是得不偿失，不仅丢掉了更多读者，也丧失了中国学术的本色精神。“深描”则尽可能接续此一传统，在中国学人中提倡一点“文”的自觉（至于成绩如何，当然是另一回事）。

用今日通行的学术评估标准看，“深描”毫无疑问位处边缘，不过我们也并不主动追求进入“中心”。边缘自有边缘的自由。在严格遵循真正的学术规范、保证学术品质的前提下，“深描”绝不排斥富有想象力的冒险和越界，甚至有意鼓励带点实验性的作品。毕竟，“思想”原有几分孩童脾气，喜欢不带地图，自在游戏，有时犯了错误，退回即是。畏头畏脑、缩手缩脚、不许乱说乱动，那是管理人犯，不是礼遇学者。一个学者“描”得是否够“深”，除了自身功底的限制，也要依赖于一个允许他／她“深描”的制度与习俗空间，而这本身即是“深描”所要审视的、构成社会文化意义网络的一部分。据此，编者决不会为“深描”预设一个终结时刻，而是希望它福寿绵长——这里说的，自然不只是这套丛书。

王东杰

contents
目　录

古格王朝主要人物关系表

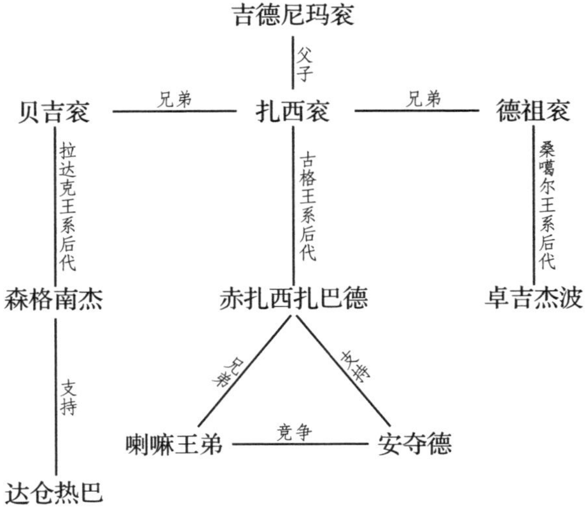

说明：

吉德尼玛衮：吐蕃末代王孙、阿里王系的开创者

贝吉衮：拉达克王系的开创者

扎西衮：古格王系的开创者

德祖衮：桑噶尔王系的开创者

森格南杰：拉达克国王

扎西扎巴：古格末代国王

卓吉杰波：桑噶尔国王

达仓热巴：主巴派高僧、拉达克王室的上师

喇嘛王弟：古格末代国王的弟弟、古格佛教僧团的首领

安夺德：葡萄牙人、耶稣会传教士

古格亡国前后西藏大事纪年

约1615年

古格与拉达克联姻失败，双方关系破裂，造成长期的军事冲突。

1616年

拉达克国王森格南杰即位。主巴派高僧达仓热巴开始在拉达克开展传教活动，并逐渐得到拉达克王室的皈依和信任。

1618年

四世班禅接受古格王室的邀请到古格传教弘法。

1619年

据有后藏吉隆一带的贡塘王国亡于第悉藏巴政权。

1624年

天主教耶稣会传教士安夺德一行抵达古格王城扎布让，获得古格国王的接见，并允许他们在古格传教。

1626年

在古格国王的支持下，安夺德在扎布让建成了西藏最早的天主教堂。

1627年

耶稣会传教士卡塞拉一行抵达不丹，获得不丹法王的接见。

1628年

古格与不丹主巴派在冈底斯山一带发生了小规模的武装冲突。卡塞拉等人从不丹进入西藏，在日喀则获得了第悉藏巴政权的优待。

1630年

拉达克攻占扎布让，古格亡国。

1638年

拉达克国王森格南杰率军兼并桑噶尔，桑噶尔国王卓吉杰波流亡恰姆巴。拉达克统一了阿里三围。

1642年

甘丹颇章政权建立。古格旧臣罗布仁钦在甘丹颇章政权支持下试图举兵收复古格，拉达克国王森格南杰率军进驻古格，罗布仁钦的反攻计划失败。

1647年

森格南杰的三个儿子瓜分了阿里三围，长子德丹南杰据有拉达克，次子因陀罗南杰据有古格，幼子德却南杰据有桑噶尔。

1682年

甘丹颇章政权收复古格故地。

1692年

古格最后一位王子洛桑白玛扎西来到拉萨，获得甘丹颇章政权的优待。

绪　论　古格的灭亡

西藏历史上的古格王国，大致涵盖了藏族传统的三大地理分区中阿里地区的核心区。阿里地区作为西藏的一个区域性地理概念，其历史不算特别悠久，但也璀璨夺目。在藏族传统地理中，阿里地区与卫藏地区、多康地区并称为三部。阿里地区在西藏历史研究中是一个颇为神奇的地方。长久以来，在后世学人的笔下，这是一个在历史上有着太多的故事可以讲，却又讲不清楚的地方。象雄文明与古格王国常常是人们提到阿里时所乐道者，考古学者经常能在这里发现令人惊叹的古代文明遗迹。然而世人提起阿里，又往往与未知的神秘相联。因为无论是前吐蕃王朝时代辉煌灿烂的象雄文明，还是后弘期以来拥有诸多传奇而多彩斑斓的古格王国，人们如今都只能面对着它们散落在阿里各地的种种遗迹而望洋兴叹。吐蕃征服象雄，尚在藏文行世之前；古格一朝覆亡，文献湮灭无闻。使得无论是象雄，还是古格，都不免有昔日的辉煌不再、今日的言说无据之憾。今天，在传世文献中，古格史研究可资利用的内容，跟卫藏、安多和康区的汗牛充栋相比，确属凤毛麟角。以致长期以来，有关阿里和古格的描写，有太多的传说，唯独缺乏精确的历史。特别是关于古格亡国的历史，坊间有太多惊心动魄的传言，诸如“一夜消失”之类的话题也长期充斥于当今阿里和古格的旅游圈。

目前国内外关于古格亡国史的研究不多，且分散在不同的研究领域，缺乏一部专门讨论古格亡国史的著作。这给读者了解和理解古格的灭亡造成了许多困难，客观上也给古格的亡国史增加了一层神秘的面纱——世界上没有真正神秘的东西，如果有，那只是我们还没有弄懂它。古格的灭亡，一向以神秘著称，最主要的原因即在于常规史料的缺失和对基本史实解释的乏力。藏文史籍，特别是经典藏文史籍中几乎看不到与古格亡国相关的内容。因为后弘期以来形成的大部分的藏文经典史籍都完成于古格亡国之前。如著名的《布敦佛教史》（《佛教史大宝藏论》）、《红史》《雅隆尊者教法史》《西藏王统记》等，都成书于14世纪；《青史》《汉藏史集》《新红史》《贤者喜宴》等书则主要写成于15—16世纪。换句话说，当17世纪30年代古格亡国之时，后世对于西藏历史的了解所主要依靠的那些基本史籍都已经完成，它们自然无法记载古格的灭亡。而与古格的灭亡在经典藏文史籍中完全失语不同，古格的开端也是西藏后弘期历史的开端，从古格走出来的大译师仁钦桑波，由古格王室迎请、先在古格传法后到卫藏地区传法并奠定后弘期藏传佛教的教义基础的阿底峡，以及为后弘期上路弘法做出巨大贡献的古格国王拉喇嘛益西沃，他们代表古格在这些经典藏文史籍中大放异彩。然而古格的历史在经典藏文史籍中有着精彩的开篇，却没有一字的结局，由此古格的历史在西藏历史中成了少有的有头无尾的奇葩存在。

经典藏文史籍在古格亡国史上不著一字，其他的藏文史籍也大多语焉不详，常见的藏文史籍中只有《格鲁派教法史——黄琉璃宝鉴》（后文简称为《黄琉璃》）对古格的亡国有非常隐晦的叙述。书中说在拉尊洛桑益西沃（lha-btsun blo-bzang ye-shis-vod）[①]担任古格托林寺的堪布之时，迎请了四世班禅洛桑却吉坚赞前来古格传布正法，班禅大师返回后，拉尊洛桑益西沃又做了12年的堪布。其后，拉尊洛桑益西沃和古格国王

① 本书为行文排版及校对的方便，对藏文采用通行的拉丁转写方案，按藏文字母顺序依次为：ka、kha、ga、nga；ca、cha、ja、nya；ta、tha、da、na；pa、pha、ba、ma；tsa、tsha、dza、wa；zha、za、va、ya；ra、la、sha、sa、ha。并且为方便读者识读藏文的字词，在可以拼合为一个词的藏文字与字之间用“-”连接起来。

扎西扎巴（bkra-shis grags-pa）[①]都“不由自主”地被拉达克国王森格南杰“请”（gdan-drangs）去了拉达克，于是森格南杰统治了古格。[②]所谓的“不由自主”地被“请”去拉达克，表达的是古格的宗教首领拉尊洛桑丹白尼玛和古格的国王扎西扎巴双双被俘的结局，而森格南杰统治了古格，也就意味着延续了六七百年的古格王国正式终结。《黄琉璃》是由清代西藏著名人物第悉桑结嘉措在1692—1698年间写成的一部以叙述格鲁派的传播和发展为主的宗教史专著。桑结嘉措（1653—1705年），是清代藏族历史上最著名的人物之一。他于1679年起担任西藏地方政府的行政首脑——第悉，直至1705年被统治西藏的蒙古和硕特拉藏汗杀死，主持西藏地方政教事务20多年。他不但具有政治才干，而且还是一位博学多才的大学者，除《黄琉璃》外，他还撰写了医学著作《蓝琉璃》、历算学著作《白

---

① 《黄琉璃》只在这里给出了古格亡国时国王的名字，拼作“扎西扎巴”（bkra-shis grags-pa）。不同的藏文史料给出的古格末代国王的名字略有不同，但大同小异。如《达仓热巴传》和《冈底斯山志》的拼法是“赤扎巴扎西”（khri grags-pa bkra-shis），而弗兰克在斯丕提附近的霍尔林（horling）发现的一通碑铭中则拼作“赤扎西扎巴德”（khri bkra-shis-grags-pa-lde），一般认为碑铭中的拼法更加准确。参见Luciano Petech, *Ya-Ts'e, Gu-ge, Pu-rang: A New Study*, The History of Tibet（Volume II）, Routledge Curzon, London, 2003, p.51。

② 第悉桑结嘉措：《格鲁派教法史——黄琉璃宝鉴》（藏文版），中国藏学出版社，1989年，第273页；汉译本见索南才让译注：《格鲁派教法史——黄琉璃宝鉴》，青海人民出版社，2021年，第274页。

琉璃》、历史学著作《五世达赖续传》《六世达赖传》等。《黄琉璃》有一章专门叙述了格鲁派在古格传播和发展的情况，即第十七章。

《黄琉璃》有关古格和拉达克的内容是目前15—17世纪阿里佛教史研究中最集中的资料。最早利用这部分资料的是图齐，早在1949年时他就在《哈佛大学亚洲研究杂志》上发表了一则题为“黄教在西部西藏的传播与古格国王”的读书笔记。该文主要利用了《黄琉璃》第十七章的史料，文章包括两个部分：第一部分是对《黄琉璃》相关记载的题解，图齐已感觉到古格当时存在着国王与拉尊分享权力的政教权力结构，同时揭示了第十七章中有其他藏文史书中所不载的晚期古格国王世系；第二部分则对《黄琉璃》第十七章做了英文摘译。①除图齐外，日本学者则武海源也注意到这一章的史料价值，他在其专著《西藏西部佛教史与佛教文化》的第十章中对《黄琉璃》的这部分阿里史料进行了摘译和考订。②该书长期以来以木刻本行世，1989年由中国藏学出版社出版了现代排印本，2009年

① Giuseppe Tucci, “Tibetan Notes (II: The Diffusion of the Yellow Church in Western Tibet and the Kings of Guge)”, in *Harvard Journal of Asiatic Studies*, XII, 1949, pp. 481–496.

② 則武海源:《西チベット仏教史・仏教文化研究》,山喜房佛書林出版社,2004年。

由许德存译出了该书的汉文版，[1]2021年该译本在经过修订后又由青海人民出版社再版。

关于古格的灭亡，灭亡了古格的拉达克方面的史料却出奇的少。拉达克灭亡了古格，但《拉达克王统记》只轻描淡写地说："派出军队前往古格，废黜了主君大王（jo-bo bdag-po，指古格国王），拿下了古格的扎布让（rsa-hreng）和罗隆（los-long）。"[2]《拉达克王统记》的记事非常简略，仅靠其记载，甚至无法确定古格亡国的具体年代。虽然此书是拉达克方面最重要的史料，学术界对其发现和利用都比较早。此书大约成书于19世纪前期，是一部长期积累、成于众手的作品。1856年德国人Hermann v. Sohlagintweit在列城游历时，从当时已经被废黜了的前拉达克国王济美南杰手中获得了一部拉达克王朝史的抄本，这就是迄今能见到的最早的一个版本。此后又有几个新的版本出现，这些版本后来由莫拉维亚传教士K.Marx在1891—1902年间公之于世。以上所有这些版本后来又经过弗兰克的整理和编排形成了目前通行的《拉达克王统记》的定本。此一版本后来收录到弗兰克的代表作《印藏古物》第二

---

① 第悉桑结嘉措著，许德存译，陈庆英校：《格鲁派教法史——黄琉璃宝鉴》，西藏人民出版社，2009年。

② 《拉达克王统记》（藏文版），弗兰克版，第40页。

卷中，[①]成为国际藏学界广泛利用的重要史料之一，为引证方便，本书称之为“弗兰克版”。在这一版本的基础上，1987年西藏人民出版社出版了《拉达克王统记》的排印本，本书在写作过程中参用了这两种版本。

《黄琉璃》对古格亡国的记述虽然隐晦，但却给出了一个重要的时间信息。藏文史籍大多对古格亡国失载，即便偶有记载，也基本上没有记载古格亡国的时间，按《黄琉璃》的说法，四世班禅离开古格返回扎什伦布寺后，古格还存续了12年。这就是说，只要明确了四世班禅在古格活动的时间，就可以推算出古格亡国的时间。古格末年迎请四世班禅前去传法是当时政教各界的一件大事，《第四世班禅传》记载了班禅大师是在1618年（土马年）前往古格。班禅大师于当年四月抵达阿里东部的神山圣湖地区，开始传法活动。五月，班禅一行抵达古格的藏传佛教中心托林寺，升座说法。当年九月，班禅大师一行离开古格返回后藏，并于十一月回到扎什伦布寺。[②]结合《第四世班禅传》和《黄琉璃》的记载，可以推算出古格亡国的时间当在1630年左右。

---

① 参见A.H.Francke, *Antiquities of Indian Tibet: Part II The Choronicles of Ladakh and Minor Chronicles*, Superintendent Government Printing, Calcutta, 1926, pp.1–6。

② 罗桑益喜编著：《第四世班禅传》（藏文版），西藏人民出版社，1990年，第113—114页。

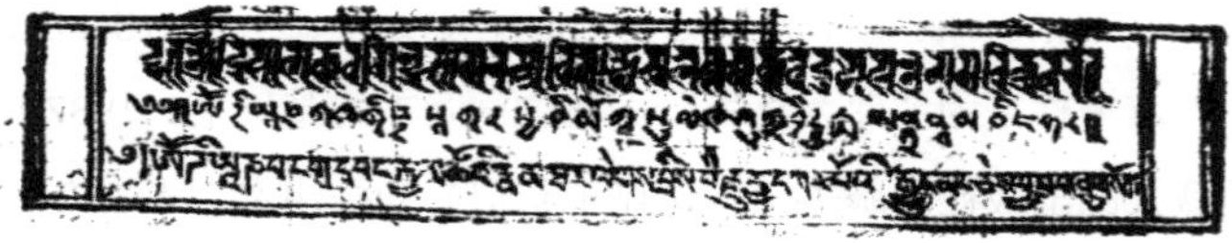

《达仓热巴传》封面书影[①]

非常见史料中，藏文古籍《达仓热巴传》是一部难得的对古格亡国情况记载得较为详细的著作，书中写明了拉达克出兵以及古格国王出降的时间是在铁马年（lcags-pho-rta-lo），即1630年。书中说，当年古格国王下属的曲木底地方的首领（chu-mur-ti-pa）犯上作乱，将古格农区和牧区的所有地方（bod-vbrog kun）都敬献给了拉达克国王森格南杰。拉达克出兵围攻古格扎布让的王宫（rtsa-rang gi pho-brang），古格国王和王子投降，被送往拉达克软禁。[②]《达仓热巴传》并非知名的藏文历史著作，传主本人在藏传佛教高僧群体中的知名度和重要性，也远远不能和第一流的人物比肩。达仓热巴·阿旺嘉措是17世纪20—

① 封面上题写的是《达仓热巴传》的正式书名："邬坚巴阿旺嘉措传——孔雀白琉璃之瑟琶"（Audiyana-pa ngag-dbang rgya-mtshovi rnam-thar legs-bris vaidurya dkar-povi rgyud-mang）。

② 阿旺贡噶伦珠吐丹格勒迥乃索南坚赞：《达仓热巴传》（藏文版），德钦曲科寺（bde-chen chos-vkhor gling）木刻本，第33叶正面。另见Luciano Petech, *The Kingdom of Ladakh C.950-1842 A.D.*,Istituto Itallano Per Il Medio Ed Estremo Oriente, Rome, 1977, p.45；［意］毕达克著，沈卫荣译：《拉达克王国史（950—1842）》，上海古籍出版社，2018年，第44—45页。

50年代活跃于拉达克的主巴派高僧，长期担任拉达克国王森格南杰的国师，参与了大量的拉达克政教事务，亲身参与并亲眼见证了古格的灭亡。这部传记是在他圆寂后，在拉达克国王德丹南杰的主持下，由阿旺贡噶伦珠吐丹格勒迥乃索南坚赞奉旨撰写的，成书于1663年。[①]成书之时，离古格亡国只有30多年，具有极其珍贵的史料价值。该书过去颇不易得，幸好近年来藏传佛教资源中心（TBRC）将该书的德钦曲科寺木刻本扫描上传，才可以比较方便地查阅。本书在写作过程中，即是使用这个版本。伯戴克（又译毕达克）在研究拉达克的历史时曾大量利用《达仓热巴传》的内容以弥补《拉达克王统记》对森格南杰时代记事之不足。1977年伯戴克出版了国际藏学界在拉达克史研究上的集大成之作——《拉达克王国史（950—1842）》，[②]该书的第五章详细考订了拉达克国王森格南杰在西喜马拉雅地区的称霸史，其中利用《达仓热巴传》的记载，在论述当时拉达克与古格的各种纠缠中揭示了许多古格亡国的细节。[③]

从藏文史籍中考证出的古格亡国于1630年的这个时间节

---

① 阿旺贡噶伦珠吐丹格勒迥乃索南坚赞：《达仓热巴传》（藏文版），第56叶背面。

② Luciano Petech, *The Kingdom of Ladakh C.950-1842 A.D.*；汉译本见［意］毕达克著，沈卫荣译：《拉达克王国史（950—1842）》。

③ 参见Luciano Petech, *The Kingdom of Ladakh C.950-1842 A.D.*,pp.38–56；［意］毕达克著，沈卫荣译：《拉达克王国史（950—1842）》，第38—55页。

点，也与当时在古格活动的天主教耶稣会传教士的信件中的说法吻合。耶稣会传教士的信件是关于古格亡国的另一大宗史料，主要包括1630年前后在古格活动的一些传教士给罗马总会的信件和报告。国外的天主教传教研究领域对这些信件和报告的收集、整理和释读进行了长期的工作，目前最主要的成果是威塞尔斯的《早期耶稣会士旅行家在中亚：1603—1721》（*Early Jesuit Travellers in Central Asia 1603-1721*）和托斯卡诺的《西藏最早的天主教传教会》（*La Prima Missione Cattolica nel Tibet*）两书。前者在1924年初版于荷兰的海牙，目前比较容易获得的版本是印度德里的Low Price Publications在2008年的翻印本。[①]后者出版于1951年，此书多年前已有汉译本问世，由伍昆明、区易炳翻译，题名《魂牵雪域——西藏最早的天主教传教会》。[②]目前，对耶稣会传教士的古格书信的收集、整理和解读最为详尽的是伍昆明的《早期传教士进藏活动史》。该书第四章《安夺德等耶稣会士在西藏古格地区的活动》利用耶稣会传教士留下的内容丰富的信件，详细描述了传教士眼中古格王国灭亡前后的情景。除前两书中引用的安夺德（Antonio

① C. Wessels, *Early Jesuit Travellers in Central Asia 1603-1721*, Low Price Publications, Delhi, 2008.

② ［意］托斯卡诺著，伍昆明、区易炳译：《魂牵雪域——西藏最早的天主教传教会》，中国藏学出版社，1998年。

de Andrade）的信件外，作者还利用了在古格亡国后前往古格探查情况的神父阿则维多（Francisco de Azevedo）写给印度耶稣会检察员的报告，因此该书可谓耶稣会方面有关古格亡国史料的集大成者。[①]

EARLY
JESUIT TRAVELLERS
IN
CENTRAL ASIA
1603—1721
BY
C. WESSELS, S. J.

WITH MAP AND ILLUSTRATIONS

THE HAGUE
MARTINUS NIJHOFF
1924

《早期耶稣会士旅行家在中亚：1603—1721》1924年海牙版的封面书影

---

① 参见伍昆明：《早期传教士进藏活动史》，中国藏学出版社，1992年，第119—261页。

关于古格灭亡的进程，葡萄牙人、耶稣会传教士安夺德在1633年2月14日于印度的果阿写给耶稣会总会（罗马）的一封信是最关键的史料。在这封信中安夺德透露了他在1630年初从古格王城扎布让返回果阿后不久，古格国王就身患重病。与国王不和的古格僧侣贵族集团发动反对国王的暴动，并勾结拉达克军队围攻扎布让，最终迫使古格国王出城投降。拉达克占领古格后，将国王及王室成员押往拉达克首府列城，标志着古格的灭亡。值得注意的是，安夺德在信中提到了：拉达克军队抵达扎布让后，虽然将古格王城包围了起来，但由于王城地势险要，易守难攻，拉达克军队攻城月余仍不能取得进展。眼看冬季即将来临，因为拉达克军队无法在古格的寒冬中继续围城，只得撤兵。[①]可见，古格国王出城投降的时间应在1630年冬天以前。从暴乱开始，到拉达克出兵围城，再到古格国王出城投降被俘，古格亡国的这一系列事件，应该都是在1630年完成的。

此外，虽然安夺德回到果阿后，直到1631年2月才听说古格发生了暴乱，考虑到消息从古格传到果阿需要一定的时间（通常需要两三个月），这个消息所呈现的可能是1630年底的古格实况。安夺德所获得的情报只是说古格发生了暴乱，尚不

---

① 参见［意］托斯卡诺著，伍昆明、区易炳译：《魂牵雪域——西藏最早的天主教传教会》，第332页。

清楚事情的进一步动向，于是他委派另一位神父阿则维多前往扎布让打探情况。阿则维多一行于1631年6月27日启程前往古格，最终于1631年8月25日到达扎布让。据阿则维多的报告，这时古格不但已经亡国，而且拉达克在扎布让的统治已经稳定下来。他向拉达克占领当局申请前去拉达克的首府列城，希望拉达克国王能够支持耶稣会的传教事业，于当年10月获得批准后离开扎布让前往列城。[①]可见，古格的灭亡应该就在1630年冬季来临之前，最迟当不晚于1630年底到1631年初。

目前，结合相关的藏文、外文资料，以及前期的研究成果，可以说古格亡国最基本的史实要素：时间、地点、人物都是清楚的。然而仍然有许多细节上的空白，导致我们对古格的亡国史存在着许多的误会和盲区。特别是这些史料的叙事经常是互相孤立的，比如《达仓热巴传》虽然记载了许多古格亡国的细节，但同样有着丰富的古格亡国细节的耶稣会传教士安夺德的报告中却见不到达仓热巴的身影；另一方面，《达仓热巴传》中也见不到安夺德及天主教传教士在古格活动的情况，他们竟然不约而同地屏蔽了对方的存在！更重要的是，不同的史料，对古格亡国的解释是不同的。《拉达克王统记》当然认为古格的灭亡是因为当时拉达克出现了一位前所未有的、英明神

① 参见伍昆明：《早期传教士进藏活动史》，第239—240页。

武的国王森格南杰。书中大肆渲染森格南杰的赫赫军威：国王从小就勇武非凡，无论是力量，还是跑跳、骑射等所有武艺，都可与净饭王的顿珠王子比肩。[①]顿珠王子即佛祖释迦牟尼，在藏传佛教的佛传叙事中，佛祖在成道之前，乃是一位武艺超群的勇士。《西藏王统记》谓佛祖："曾以武艺技能，制胜天授等诸骄慢狂徒，遂成无敌。"[②]而常见的佛传故事中也有"婚配赛艺"一节，即是佛祖与释迦族青年比试跳跃、游泳、跑步、射箭等武艺，皆能以高超技艺一一胜出。[③]可见，《拉达克王统记》是以佛祖的神通技艺比喻森格南杰的个人能力，突出的是古格亡国过程中拉达克国王的个人英雄主义。如何理解古格亡国过程中拉达克国王在军事上的个人英雄主义呢？

在森格南杰的统治时期，事实上拉达克正在经历着历史上一次重要的发展模式的转型。一个引人注目的现象是，17世纪30年代，拉达克开始走上了积极的军事扩张道路。森格南杰时代是拉达克历史上军事成就最为鼎盛的时代，他几乎完成了统一阿里三围的事业。他不但灭亡吞并了古格，也在同一时期灭亡吞并了桑噶尔——阿里王朝的另一个分支政权、拉达克的

---

① 《拉达克王统记》（藏文版），弗兰克版，第39页。

② 索南坚赞著，刘立千译注：《西藏王统记》，民族出版社，2000年，第4页。

③ 参见布顿·仁钦珠著，蒲文成译：《布顿佛教史》，甘肃民族出版社，2007年，第55页。

另一个兄弟之邦。森格南杰时代拉达克明显对阿里三围的政治文化传统做出了重大的突破，森格南杰的军事扩张不同于阿里三围诸政权以往的军事征服，其性质是“兼并战争”而不再是“争霸战争”。拉达克国王为什么会在这时违背吐蕃赞普后裔政权已经遵循了几百年的政治传统，而对这些兄弟之邦痛下杀手呢？

另一方面，与拉达克宣扬本国国王的个人英雄气概相反，《达仓热巴传》和耶稣会传教士的报告，在古格亡国的叙事中则偏向于营造一种古格的灭亡是古格的末代国王个人悲剧的印象：古格亡国的直接原因是国王在危急关头轻信国内佛教势力的调停，放弃抵抗，导致身俘国灭。拉达克是灭亡古格的主要力量，然而按照西藏政治的历史传统，拉达克又是最不可能灭亡古格的政治力量。因为两者不但系出同源——皆属吐蕃王朝的继承者，更是在长达数百年的竞争与共存中形成了一套共同遵循的政治文化传统。17世纪初，西藏政治舞台上主要活跃着三种类型的军政实体，分别是吐蕃王朝崩溃后由吐蕃赞普后裔在各地建立的地方割据政权、卫藏的地方豪族中的实力派建立的地方割据势力，以及依托藏传佛教某一教派发展出来的政教联合体。古格和拉达克就同属第一类，且双方的开国之君还是亲兄弟，因此双方是真正的“同气连枝”。古格与拉达克本应是天然的同盟。然而，为什么拉达克最终会成为古格的终结者？

更有意思的是，依靠现有的耶稣会传教士的书信和报告所提供的古格亡国史，古格的灭亡与天主教在古格的传播关系密切。以至于给大多数读者的感觉是，古格的灭亡是古格末代国王盲目沉溺天主教的结果，他为了天主教发动了一场旨在消灭境内佛教的灭佛运动。安夺德等传教士在信件中绘声绘色地描述了古格末年，古格国王突然发动了一场全国范围的声势浩大的灭佛运动。其主要措施之一是没收寺院和僧人显贵集团的土地和其他收入，将僧人从养尊处优的寺院中驱逐出去，赶到生活条件艰苦的山中过苦日子。僧人们甚至到了不去乞求施舍就无饭可吃的地步，这从根本上摧毁了古格僧人集团的经济基础。利用行政手段甚至借助军事强制力打压或剥夺僧人集团在地方的政治影响力，导致古格僧人的数量锐减，从过去的五六千人下降到不足百人。正是因为对古格佛教集团有如此激烈的压迫、打击活动，才造成了其疯狂反扑，并最终勾引拉达克军队覆灭了古格王国。[①]传教士讲述的古格末世，与后弘期以来的藏传佛教史家们讲述的吐蕃末世如出一辙，那么古格王国是否真的走上了吐蕃王朝崩溃的老路，古格末年是否真的发生过一场激烈的灭佛运动呢？

古格亡国的真相到底如何，仅仅依靠史料的辨析是很难

---

① 参见伍昆明：《早期传教士进藏活动史》，第223—224页。

做出确切判断的，要把古格的灭亡放置到17世纪30年代西藏政治文化的总体结构中去考虑和解析，才能真正拨云见日。所以本书不仅仅是描述古格亡国的基本进程，而是试图讨论和分析古格灭亡的过程中一系列事件的背景及其深层原因，同时借助对古格亡国史的分析，展现古格灭亡过程中的西藏历史画卷。换句话说，古格的灭亡对17世纪的西藏社会意味着什么？古格亡国前后，正是西藏社会的多事之秋。古格并不是这一时期唯一一个被"灭国"的吐蕃赞普后裔政权。1619年，割据后藏吉隆一带数百年的贡塘王国被第悉藏巴政权攻灭。西藏社会中持续了数百年的赞普后裔政权到这时已经普遍衰落，1619年贡塘王国覆灭后，到1630年，古格和拉达克可以说是硕果仅存的、具有较强实力和较大政治影响力的吐蕃赞普后裔政权了。

事实上，古格亡国前后，西藏特别是卫藏的各大政治势力也开始了新一轮的洗牌。主政卫藏地区的帕竹第悉政权日渐衰落，权臣仁蚌巴家族以及仁蚌巴家族的家臣辛厦巴家族相继崛起。如果说仁蚌巴驾空帕竹第悉政权是"陪臣执国命"（语出《论语·季氏》）的话，辛厦巴家族的崛起则是"陪臣的陪臣"在执掌大权了。1611年，辛厦巴家族基本上控制了大部分后藏地区，这一年辛厦巴·才旦多吉的孙子辛厦巴·噶玛彭措南杰（karma phun-tshogs rnam-rgyal）就任后藏第悉，正式建立第悉藏巴政权。从1612年起，辛厦巴·噶玛彭措南杰挥军东进，先后击败和控制了彭波、内邬、贡噶、雅郊等前藏各地的豪族势力。1618年噶玛彭措南杰彻底击败了控制拉萨的第巴吉雪巴，基本上全面控制前后藏地区。

古格灭亡的进程，是从国内发生暴乱到外敌围城再到国王出城投降被俘，差不多全发生在1630年一年之中。从这个意义上来说，古格的亡国确实有些仓促。但这个过程其实也并不短暂，至少还是持续了几个月乃至大半年。除了交战的两方——拉达克与古格之外，这种对峙围城的情况，其实是给当时西藏其他各方政治势力留下了足够的反应时间的。古格的灭亡，不但意味着西藏西部的政治地理格局的大变，对整个西藏历史的发展进程也有深远的影响。面对古格亡国这一重大政治变故，卫藏地区的各种政治力量似乎根本没有反应，基本上处于一种漠不关心的状态。正在崛起中的第悉藏巴政权为什么会坐视古格的灭亡而置之不理呢?

最后，古格的灭亡，虽然是多种矛盾相互激化并在长期积累后综合爆发的结果，但确实也比较突然。加上古格亡国后史料大多湮没无闻，以至于坊间常常以为古格在亡国后“一夜消失”了。古格亡国之后到底经历了些什么？古格在亡国以后，并非一夜消失，古格王室的重要人物直到18世纪中期才最终消失在西藏历史的记载之中。古格的末代王子直到18世纪中期以前，仍然活跃在西藏的历史舞台之上，古格亡国百年之后，古格王子仍然在古格故地和西藏社会上颇有影响力。古格亡国后也有古格的旧势力起兵反抗拉达克的统治，古格亡国后的十多年间，以旧臣罗布仁钦为代表的复国活动仍然十分活跃。有意思的是，跟古格差不多同时亡国的桑噶尔，在18世纪中期成功实现了复国。而古格亡国后有以洛桑白玛扎西为代表的古格王子，也有以罗布仁钦为代表的一帮旧臣实施复国活动，但古格还是从此在历史中消失了，这又是为什么？

第一章　古格的天下

古格王国位于西藏西部的阿里地区，但古格的历史地理空间却不只是今天西藏的阿里地区，而是藏族历史地理文化中的阿里三围。在西藏的远古时代，西部西藏地区就拥有自成一体的象雄文明。直至7世纪中期，新兴的吐蕃政权完成对高原的统一，阿里地方首次纳入卫藏中心政权的直接治理之下。9世纪后期，吐蕃中央政权崩溃，赞普后裔进入象雄故地，阿里王系诸王国在西部西藏实际统治达700多年。直至17世纪后期，甘丹颇章政权建立，阿里地方第二次被卫藏中心政权纳入治下。统一的吐蕃王朝在9世纪中期由于内乱而崩溃，10世纪初，吐蕃赞普后裔吉德尼玛衮（skyid-lde-nyi-ma-mgon）进入象雄故地，得到当地势力支持，建立阿里王系地方政权，西部西藏从此由“象雄”改称“阿里”（mngav-ris）。关于这一历史过程，成书于1434年的《汉藏史集》有最明确的记载，“吉德尼玛衮先到上部，将上部各地收归治下，总称为阿里”。[①]

历史上的阿里三围，是古格历史的活动空间，它远比现今的阿里地区要大。《汉藏史集》上说吉德尼玛衮“命长子贝吉衮统治玛域（mar-yul）、努热，次子德祖衮统治象雄、吉觉（ci-cog）、尼贡（snyi-gong）、如托（ru-thog）、普兰（spu-rangs）、玛措（ma-tsho）等六个地方，幼子扎西尼玛衮统治迦尔夏（gar zha）、桑噶尔（zangs-dkar）。由此产生了‘阿里三围’的名称”。[②]即阿里三围第一围是以玛域拉达克为中心展开的狮泉河（印度河）下游地区，从吐蕃王朝时代开始，这一带就是西藏政教力量的势力范围。第二围是以日土、古格、普兰为中心的阿里地区的传统核心区，清代西藏地方政府在阿里地区设置的基本行政机构——四宗六本，大体都在这个范围。如四宗中的日土宗、普兰宗就是《汉藏史集》中记载的如托和普兰，而古格则被一分为二，形成扎布让和达巴两个宗，今天阿里地区的札达县，又将二者合二为一。[③]第三围则

---

① 达仓宗巴·班觉桑布著，陈庆英译：《汉藏史集》，西藏人民出版社，1986年，第114页。

② 达仓宗巴·班觉桑布著，陈庆英译：《汉藏史集》，第114页。

③ 参见黄博：《四宗六本：甘丹颇章时期西藏阿里基层政权初探》，《中国藏学》2016年第2期。

是以桑噶尔为中心展开的拉达克周边地区。

关于阿里三围的地理范围，《汉藏史集》的说法只是一家之言，《西藏王统记》关于阿里三围的说法就要小得多："长子白季贡（即贝吉衮，dpal gyi mgon）据孟域（mang yul），次子札西贡（即扎西尼玛衮、扎西衮，bkra shis mgon）据布让（即普兰，spu rangs），幼子德尊贡（即德祖衮，lde gtsug mgon）据象雄（zhang zhung）。"①《西藏王统记》与《汉藏史集》的阿里三围，最主要的差别是把本属第二围的重要组成部分的普兰单独出来成为一围，取代了桑噶尔等边缘地区，实际上是《汉藏史集》阿里三围的缩小版。②《汉藏史集》和

---

① 索南坚赞著，刘立千译注：《西藏王统记》，第148页。此处孟域（mang-yul）应是玛域（mar-yul）的误写，孟域又译为芒域，其地望在今日喀则地区的吉隆，属于下部阿里芒域贡塘王朝的势力范围，并不属于上部阿里三围的范畴。参见洛桑群培：《西藏历史地名玛尔域（mar yul）和芒域（mang yul）辨考》，《藏族史论文集》，四川民族出版社，1988年，第447—451页。

② 跟《西藏王统记》说法相似的还有《新红史》《青史》《佛教史大宝藏论》（即《布敦佛教史》）等藏史名著。这几种史书只有三子名字上略有不同，封域名称中玛域和芒域（也作"宇""裕"）互混，但主要内容基本一致。《新红史》记载：长子日巴衮据玛域，次子扎西衮据布让，三子岱祖衮据香雄。（班钦·索南查巴著，黄颢译：《新红史》，西藏人民出版社，1984年，第38页。）《青史》则说：长子住芒域地区，次子住布桑地方，三子住象雄地区。（廓诺·迅鲁伯著，郭和卿译：《青史》，西藏人民出版社，2003年，第23页。）《佛教史大宝藏论》记载：长子名伯吉德日巴贡掌握了芒裕地区，次子名扎喜德贡掌握了布让地方政权，三子名德珠贡掌握了象雄地方政权。（布顿大师著，郭和卿译：《佛教史大宝藏论》，民族出版社，1986年，第181页。）

《西藏王统记》所说的两种版本的阿里三围究竟哪一种更符合历史实情呢？按照现在已知的古格历史的记述，这两种比较主流的说法可能都不符合。

比如无论是《汉藏史集》，还是《西藏王统记》，对阿里三围的描述中都没有提及与古格毗邻的西喜马拉雅地区的毕底、库奴、拉胡尔等地在这一三围结构中的地位。但在成书更早的《娘若教法源流》中，库奴和毕底也是三围中的一围。在《娘若教法源流》的阿里三围中，贝吉衮据有以拉达克为中心的狮泉河下游地区，扎西衮据有古格、普兰等地，德祖衮据有库奴、毕底等地。[①]在这个三围结构中，拉达克和古格分占两围，与《汉藏史集》和《西藏王统记》的说法大同小异，不同的是，库奴与毕底取代了桑噶尔成为一围。但在古格的历史记载中，毕底与库奴跟古格有着非常密切的政治上和宗教上的联系，古格在早期甚至直接统治或控制过这里。像毕底有以达塔寺为代表的、一批在古格王室直接领导之下建成于11世纪前后的寺院，而库奴在12世纪也处于古格的直接统治之下。12世纪前期古格王室进行了一次分封：古格国王索南泽的长子扎西泽继位为古格国王，领有古格南北之地；次子觉卧杰布被封为库奴王，统治库奴等地。此后古格遭到噶逻人的入侵，古格国王

---

① 娘若·尼玛维色:《娘若教法源流》(藏文版)，西藏人民出版社，1988年，第458页。

扎西泽战死，古格最后是依靠受封于库奴的觉卧杰布赶走噶逻人。在这个过程中，库奴事实上成为古格复国的基地。①

可以说，阿里三围本质上是古格王国及其前身阿里王朝的势力范围，是一种古格人的“天下观”。其地域范围有多大，以及它的内部具体是怎么划分的，不是一个文献学的问题，而是一个历史政治地理问题。因此不能单纯地考察哪种文献史料更加可靠，进而采信哪种阿里三围说，而是需要在古格的历史地理中去找寻答案。

第一节　古格的疆域

早期古格政权基本上是选择在象泉河及其支流所形成的河谷农业区的山崖上修筑城堡，建立起区域性的军事据点，以实现对山下河谷农业区的控扼。可以说古格立国的基础正是不断地复制建立山上的军事据点（点）控扼山下的河谷农业区（线）的发展模式，这就形成古格核心区特有的点线结构。由于象泉河流域特殊的地貌，古格没有成片的农业区，河谷农业大多是沿着河流呈线型分布。象泉河及其支流的河谷形成了一个线型的网状连接状态，从而使得象泉河流域成为阿里地区最

---

① 参见黄博：《畏惧噶逻：西域葛逻禄与西藏古格王朝的传说与历史》，《藏学学刊》第9辑，四川大学出版社，2014年，第145—162页。

有可能产生区域性统一政权的地方。而古格王国通过在这个网状结构的各条“线”上建立“点”的方式，保证了网状连接状态的稳定性。而且由于河谷线型农业区资源紧张加上军事据点的属性，古格的城堡通常不会建在河谷农业区里，而是建在河谷农业区的山上。从前期的东嘎、多香到后期芒囊、扎布让，其城堡都是修建在河谷农业区旁边的山崖上，这样既可以不占用宝贵的农业土地资源，又可以居高临下地对农业区进行有效的监控，可谓一举两得。这就是古格核心区的地理形态和空间布局上的特点。

古格

古格王国自10世纪立国以来，一直以象泉河（朗钦藏布，藏文为“glang-chen gtsang-po”）流域为其统治的核心区，也就是以今天西藏自治区阿里地区的札达县境为其政治文化重心之所在。有意思的是，由于早期古格历史发展的特殊原因，古格核心区内政治中心与文化中心是略有分离的。古格的政治中心随着政治形势的变化而变化，长期以来并不固定，经常在象泉河南北两岸游移，直到王国统治的后期，才逐渐稳定下来。古格人在距今札达县城以西10多公里处的象泉河南岸的扎布让的山崖上修建了宏伟的王城，定都于此。而古格的文化中心则很稳定，从996年古格国王拉喇嘛益西沃修建托林寺以来，由古格王室成员组成的高级僧团长驻于此，古格境内的佛学大师也往往在此寺常驻说法，是古格乃至整个西藏西部地区最繁荣的佛教文化中心。古格的政治中心和文化中心虽然不在一处，但两者相距不远，都位于象泉河南岸，在地理上形成东西向的两点一线格局。托林寺在王城以东18公里处，其建筑群位于今札达县城北边的象泉河南岸的台地上。“扎布让—托林”一线的河谷地带，不但可以从事农业生产，而且其地势在阿里地区相对较低，平均海拔在3800米左右。这里不但自然环境较好，而且也具有区位优势。由于象泉河横贯整个札达县境，正好把古格的核心区分为南北两个地理单元。在古格历史上，象泉河以北的地区被称为“羌”（byang），藏语意为“北方”；而象泉河以南的地方被叫作“洛”（lho），藏语意为“南方”，“扎布让—托林”地区正好位于古格羌洛（gu-ge byang-lho）的地理中心上。

托林是古格，也是10世纪以来整个西藏最古老的寺院——托林寺的所在地。10世纪晚期古格王室开启上路弘法事业，古格以倾国之力进行佛教寺院的建设，托林寺始建于996年，是藏传佛教后弘期建寺时间最早的寺院。[1]由于托林寺兴建时，古格国王松艾已经出家为僧成为著名的拉喇嘛益西沃，托林寺遂成为他的驻锡地。益西沃身兼国王与喇嘛双重身份，因此托林寺实际上一度也成为古格的政治中心。[2]虽然后来古格的政治中心一直迁徙不定，但托林寺在古格佛教界的地位则始终举足轻重，托林几百年一直发挥着稳定的文化中心功能。

跟托林比起来，扎布让山顶上的古格王城的历史其实并不悠久，文献史料和考古发掘一致显示，扎布让王城的建筑年代应该在15世纪。《阿里王统记》记载，14世纪末到15世纪初在位的古格国王南杰德的王城在芒囊。1424年南杰德出家为僧，并传位于其子南喀旺波彭措德，而传位大典是在皮央举行的。直到1481年，史书中出现南喀旺波彭措德72岁寿终正寝于扎布让山顶的王宫的记载，[3]显然南喀旺波彭措德即位后，古格的王城才迁到了扎布让的山顶上。据此大体可以确定扎布让的古格王城应该是在15世纪中期修成的。扎布让的王城，除了王宫

---

① 藏传佛教后弘期下路弘法纪年最早的寺院是拉摩杰尔寺，始建于1009年，开启下路弘法的鲁梅师徒所创建的本派主寺杰拉康寺和塘波且寺分别始建于1012年和1017年。后世噶当派的主寺热振寺始建于1056年，萨迦派的主寺萨迦寺始建于1073年，其年代都比托林寺晚。

② 参见黄博：《拉喇嘛与国王：早期古格王国政教合一制初探》，《中国藏学》2010年第4期。

③ 古格堪钦·阿旺扎巴：《阿里王统记》（藏文版），纪念托林寺建寺1000周年筹备小组编印，1996年，第84页。

以外，还有配套的宗教修习和举行佛事活动的场所。《黄琉璃》记载，南喀旺波彭措德时期，在扎布让营建了洛当寺和哲丹寺。[①]现在古格王城遗址的坛城殿中，就绘有出家后的南喀旺波彭措德（法名释迦沃）与其子洛桑饶丹的画像。熊文彬教授对比同时期的古格壁画认为坛城殿的年代可以断定在1460—1470年间。[②]

图1　古格王城坛城殿壁画——南喀旺波彭措德与洛桑饶丹画像

① 第悉桑结嘉措:《格鲁派教法史——黄琉璃宝鉴》(藏文版),第274—275页。

② 熊文彬:《西藏阿里札达县译师殿壁画年代及相关问题——兼论古格故城坛城殿和托林寺杜康殿壁画题记与年代》,《文物》2019年第2期。

作为古格的核心区，整个象泉河流域除了“扎布让—托林”地区以外，今天仍然分布着众多古格时代的城堡遗迹。沿着象泉河的支流东嘎河向北30多公里的河谷地带中，有另外一处举世闻名的“皮央—东嘎遗址”。东嘎作为古格王城的历史，比扎布让还要悠久。藏文古籍《阿里王统记》记载，11世纪末年，古格国王旺德在东嘎修筑城堡，作为国王的依止之地。[①]东嘎也成为古格王国事实上的“杰沙”（rgyal-sa），字面意思是国王的所在地，意即都城。东嘎的地势比“扎布让—托林”地区略高，海拔在4000米左右，河谷两岸也有农田可耕，可以种青稞等农作物。从东嘎到托林路程不远，但高山峡谷众多，交通颇为困难。据1954年夏“阿里边疆工作队”随行人员的工作报告，他们从东嘎到托林骑马需6个小时，但一路都是深谷台地，呈现阶梯式的地形。“从上层台地到下层台地一目了然，坡度大，岩路险。在梯层之上可以望见目的地，但走起来却顺沟穿谷”，很不好走，当地人常说的“望山跑死马”即是此意。[②]象泉河流域的北部，包括了香孜（byang-rtse）、曲松（chu-gsum）等地，拥有相当的农牧业经济基础。12世纪中期，古格南北贵族之争中，北方贵族曾以东嘎为

① 古格堪钦·阿旺扎巴：《阿里王统记》（藏文版），第74页。

② 彭文：《象泉河报告》（手抄本），阿里边疆工作队，1955年1月23日，第6叶。

中心建立了古格的北朝政权。当时古格国王泽巴赞（rtse-vbar-btsan）崩逝后，南北贵族矛盾激化，双方甚至在泽巴赞的葬礼上大打出手。事后，朝中大臣支持出身北方贵族世家的王妃拉坚（lha-rgyan），拥立其子吉德赞为王，定都东嘎，建立了古格北朝。[①]

象泉河流域的南部地区，即所谓的古格的洛地（南方），自然环境和农业条件要比古格的羌地（北方）好一些。古格最重要的政治、文化中心“扎布让—托林”地区就位于象泉河的南岸。从“扎布让—托林”往南，还有许多象泉河的支流形成的众多河谷地带，包括达巴、萨让、底雅等地。而且古格洛地经喜马拉雅山脉的一些山口向南可以抵达印度，跟古格羌地比起来，对外经济文化交流要更方便和更发达一些。古格人按照藏族传统的地域划分习惯，又将古格的洛地分为“洛堆”（lho-stod）和“洛麦”（lho-smad）两大区域。藏语中“堆”的字面意思是上部，指的是江河的上游，一般是地势较高的地区；“麦”的字面意思是下部，指的是江河的下游，一般是地势较低的地区。据藏文古籍《科迦寺志》的说法，古格洛堆和洛麦的一个重要分界点是位于扎布让以西的卡孜（khwa-tse或kha-rtse）。卡孜在象泉河的南岸，本身归属于洛

① 古格堪钦·阿旺扎巴：《阿里王统记》（藏文版），第76页。

麦。[①]卡孜的东南和扎布让的西南方向上有著名的多香（do-gshang），再往南走一点还有一处叫作波林（spu-gling或pu-ling）的地方。卡孜、多香、波林三点正好连成一条南北走向的线段，这就是古格传统地理文化中洛堆和洛麦的分界线，这条线以东为洛堆、以西为洛麦。洛麦主要包括了萨让、底雅等地，这一区域被喜马拉雅山系的多条南北走向的山脉切割而形成一块块的山谷，其地势相对东边要稍低一些，所以被称为“麦”（下部）。

洛麦最重要的军事据点是多香。多香城堡位于扎布让古格王城以西，离王城直线距离约12公里，由于山谷交错，实际路程在20公里以上。多香河经此向北流入象泉河，这里的河谷农业也相对发达，而多香城堡则依山而建，可下瞰多香河东岸台地上的多香村。多香也是古格历史悠久的军事重镇，其历史可以追溯到11世纪后期统治古格的国王泽德。据藏文古籍《丹巴却列参坚传》记载，泽德王在距托林五日程的木让地方修建了木让卡尔波切（mu-rang mkhar-po-che）城堡，[②]“卡尔波切”在藏文中就是“大城堡”的意思，“木让卡尔波切”也可缩写为“木卡”（mu-dkar或mu-mkhar）。现在多香附近

---

① 《科迦寺志》（藏文版），西藏阿里文化保护委员会编印，1988年，第3页。

② 旺秋贝丹：《丹巴却列参坚传》（藏文版），木刻本，第7叶。

还有一座叫作“木卡寺”（mu-dkar chos-rdzong）的格鲁派寺院，该寺是15世纪初著名的一世班禅克珠杰的弟子官觉贝衮（dkon-cog-dpal-mgon）前来古格传法时所建。①

“卡孜—多香—波林”一线以东就是古格的洛堆，虽然地势较高，但象泉河的各个支流如芒囊（ma-nam或mang-nang）河、达巴河皆流经此区，所以洛堆地区拥有众多的农业发达的河谷地带。因此这里才是古格核心区的重心所在，政治中心扎布让和文化中心托林都位于这一侧。此外古格治下最重要的几个城堡也分布在这一区域，其中最著名的就是芒囊和达巴。芒囊位于扎布让的古格王城东南30多公里的地方，象泉河的支流芒囊河流经此处并向东北汇入象泉河。这里也属河谷农业地带，有较好的生活和生产环境。20世纪50年代在阿里考察的内地工作组最初到这里时，不但认为芒囊是“四通八达之地，水草好，气候好，同时环境幽美”，还赞叹这里说“那青青的树木，那绿绿的庄稼，那寺院和人家，打山上望去，使人心旷神怡，勃然生爱，这又是一个花园式的村庄，天外的桃源胜境”。②当时芒囊有7户人家，种着属达巴宗政府的土地12克（khal），属芒囊寺的土地40克，以及他们自己的土地20克，

---

① 第悉桑结嘉措：《格鲁派教法史——黄琉璃宝鉴》（藏文版），第276页。

② 彭文：《象泉河报告》（手抄本），第7叶。

整个芒囊的耕地加起来有70多克。[①]当时工作组观察到，从芒囊到达巴沿途也有不少的青稞地，如东沙村就是一个“青稞绿油油成片的小庄地”，属“水源灌溉地”。[②]

早在11世纪时，芒囊就已是古格的重镇，著名的阿底峡大师初次入藏传法的首站就是这里，当时的古格国王绛曲沃还亲自到芒囊会见了阿底峡大师。当时古格乃至整个西藏最著名的高僧仁钦桑波与阿底峡也是在此相见，绛曲沃还在芒囊修建了“菩提寺”（byang-chu dge-ngas-gling gtsug-lag-khang）。14世纪晚期，古格国王南杰德长期驻跸于此，《阿里王统记》说他在芒囊修建了王宫（ma-nam du rgyal-povi pho-brang mdzad），[③]可见14世纪晚期，芒囊一度还成为古格的政治中心。直至15世纪初，南杰德之子南喀旺波彭措德主政时期才将王宫移建到扎布让的山崖上。

芒囊再往南走就是达巴，距扎布让的古格王城有70多公里，达巴河流经此处，并向东注入象泉河。达巴城堡位于达巴河西岸，也是依山而建，现存的达巴遗址中还可以看到独立的碉楼和防卫墙。达巴除了是古格洛堆最南端的一个军事重镇以

① 克“khal”是西藏传统的一种容量和重量单位，1藏克约28市斤，虽然不是面积单位，但经常被用来表示土地面积，如1000克的土地即播种1000克种子的土地。

② 彭文：《象泉河报告》（手抄本），第10叶。

③ 古格堪钦·阿旺扎巴：《阿里王统记》（藏文版），第84页。

外，在古格后期也成为古格南境最重要的文化中心。16世纪中期，出生于古格羌地东嘎的格鲁派高僧班钦欣达巴·洛追坚赞曾经到日喀则的扎什伦布寺学经，佛学造诣精深，深获众望，曾经担任过格鲁派在后藏的主寺扎什伦布寺的法台，卸任后回到古格，在达巴仿照扎什伦布寺修建了一座寺院，史称“达巴扎什伦布寺”，简称“达巴寺”。[①]达巴一带自然环境较好，象泉河及其各支流在这里形成了一些小块的农业区，沿达巴逆象泉河而上，在其东南方向上有东波（mdongs-po）和曲龙（khyung-lung）两个较大的农业区。根据20世纪50年代初内地工作组的统计，曲龙的耕地情况是：属于政府的地有九斗六升，寺院上有地九斗，百姓有地二十二斗。耕地采轮种制，种一年，歇一年。[②]值得一提的是，跟大多数古格时代的城堡随着古格的灭亡而衰落不同，达巴在古格亡国后并未衰败，仍然是阿里地区西南部的政治文化中心。17世纪晚期西藏地方政府收复古格故地后，在古格的核心区分设了两个宗级（相当于内地的“县”）政区，在北方置扎布让宗，在南方置达巴宗。达巴成为与扎布让平级的一级行政区划，也是清代西藏阿里地区

---

① 第悉桑结嘉措：《格鲁派教法史——黄琉璃宝鉴》（藏文版），第273—278页。

② 彭文：《象泉河报告》（手抄本）。

常设的四大宗府之一。[①]直到1956年，达巴宗才被撤销，与扎布让合并成立了札达县。

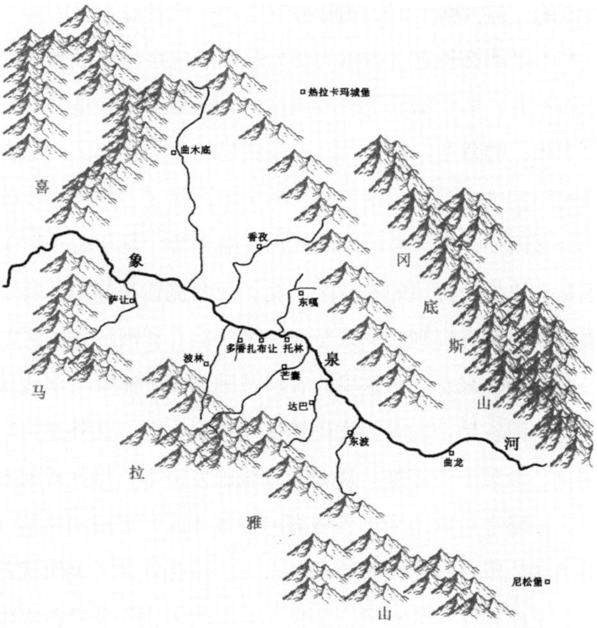

图2　象泉河流域的河谷—城堡分布示意图

① 参见黄博：《清代西藏阿里的域界与城邑》，《中国藏学》2009年第4期；《清代西藏阿里地区城镇形态及其发展略论》，《青海民族大学学报（社会科学版）》2016年第1期。

普兰

从10世纪到17世纪，象泉河流域作为古格王国的核心区是稳定的，但古格王国的实际控制区——或者说古格的势力范围，却不是那么稳定。古格的势力范围以象泉河流域为中心，向四周扩展，形成圈层型的疆域格局，古格周边最重要的地区是位于东边的普兰。普兰可以说是古格的次级核心区。从农业地理的角度进行观察的话，整个阿里地区除了古格核心区的象泉河流域以外，普兰县境的孔雀河（藏语称“马甲藏布”）流域也是一块相当优质的农业区。孔雀河两侧皆是高山，特别是东边海拔逐级升高到5000米至6000米，但孔雀河河谷地区的海拔一般在3800米左右。这里的农耕基础事实上比象泉河流域更为优越，河谷地带的农作物仍然是以青稞为主，此外还可以种植豌豆、油菜、小麦等。从普兰县城出发南下，沿孔雀河顺流而行，一路上可以遇到不少依靠河谷农业区而形成的村落。如距普兰10公里左右的细德（zhi-sde），早在吐蕃王朝时代就是普兰一个比较繁荣的村镇，20世纪90年代考古工作者曾在细德发现了吐蕃王朝时代的碑刻；顺孔雀河继续往东南方向走10多公里就是著名的科迦村，这里的农业环境也相当不错，著名的科迦寺也坐落在孔雀河边。

孔雀河河谷农业区主要分布在普兰的东南部，这里是普兰的军政重心之所在。而孔雀河上游地区，即普兰的西北部，则主要是高原草地，经济生活以牧业为主。普兰的北部是藏传佛教最著名的神山圣湖区，这里有圣湖玛旁雍错和神山冈仁波齐。这一带也是典型的高原牧区，海拔在4600米左右。神山圣湖区地势虽高，但却非常平坦，是卫藏地区进入阿里的交通要道，往东翻过马攸木山口经仲巴可抵后藏。普兰的西北部姜叶马一带与古格东南部的曲龙、东波相连，普兰与扎布让王城的直线距离不到200公里，但因为“姜叶马—东波”一线皆为高山深谷，交通困难。普兰与古格的交通，需要先从普兰绕道东北方向经过玛旁雍错边到达神山圣湖区的巴嘎（距普兰80多公里），再从巴嘎前去托林和扎布让王城，全程近350公里，绕了一个大圈才能到达。

普兰在早期曾经是整个阿里地区的政治重心所在，事实上，古格王国的前身阿里王朝的政治中心就在普兰的噶尔东（dkar-dung）。噶尔东位于普兰县城西北，从普兰县城出发，溯孔雀河而上即可到达噶尔东（距普兰县城约30公里）。孔雀河的支流古尔拉曲河自西向东流经噶尔东，并在这里折向南边注入孔雀河。噶尔东一带海拔在4200米左右，拉昂错在其北面，可经拉昂错湖岸前去交通枢纽巴嘎。噶尔东在古尔拉曲河东南岸，古尔拉曲河的西北方向就是重重高山，海拔则从4000多米逐渐上升至5000多米。噶尔东有阿里王朝历史上最著名的城堡——尼松堡（sku-mkhar nyi-gzungs）。“sku-mkhar”在藏语中就是城堡的意思。藏文古籍基本上一致把吐蕃赞普后裔吉德尼玛衮修建古卡尔尼松堡，视为阿里王朝建立的标志性事件。《佛教史大宝藏论》（1321年）记载，吉德尼玛衮被放逐到后藏阿里地区，因此他也就在普兰那里建筑了古卡尔尼松堡，遂掌握了那里的政权。[①]《雅隆尊者教法史》（1376年）关于此事的记述参考了布顿大师，书中说“尼玛衮抵阿里，于普兰建尼松宫堡。即位执政”。[②]《新红史》（1538年）记载：“贝阔赞之次子尼玛衮前往阿里，在布让地方建造尼松堡。”[③]《贤者喜宴》（1564年）记载吉德尼玛衮到阿里后，由于他行为高尚、智慧广博而得到阿里三围臣民之欢心，遂即请其为王。尼玛衮在普兰建造了著名的尼松堡。[④]《拉达克王统记》则明确写下了尼松堡就是阿里王朝的首都，书中说吉德尼玛衮是在格西赞的支持下来到普兰，娶妻生子，然后修建尼松堡作为首都。[⑤]

---

① 布顿大师著，郭和卿译：《佛教史大宝藏论》，第181页。

② 释迦仁钦德著，汤池安译：《雅隆尊者教法史》，西藏人民出版社，2002年，第40页。

③ 班钦·索南查巴著，黄颢译：《新红史》，西藏人民出版社，2002年，第26页。

④ 巴卧·祖拉陈瓦著，黄颢、周润年译注：《贤者喜宴——吐蕃史译注》，中央民族大学出版社，2010年，第294页。

⑤ 《拉达克王统记》（藏文版），西藏人民出版社，1987年，第42页。

吉德尼玛衮后来将阿里王朝的领地分封给三个儿子，其中次子扎西衮（bkra-shis-mgon）获得了普兰和古格等地。“扎西衮王国”在历史上昙花一现，其统治的核心区，据《阿里王统记》记载：以尼松堡为中心，西起姜叶马（rgya dang nyi-ma），东至公珠错，包括巴嘎在内的玛旁雍错和拉昂错等三湖牧区，正好自西向东连成一片，被称为“右翼地区”（gyas-skor-ba）。[①]以尼松堡为中心，西起姜叶马、东至公珠错一线正是普兰的牧区，在地理位置上又是后藏进入阿里的交通要道，战略位置十分重要，控制了这里，就控制住了整个阿里地区的门户，事实上这里也是吉德尼玛衮进军阿里后最后征服的地方。新近发现的阿里地区普兰王系的藏文古籍《太阳王系和月亮王系》中记载，吉德尼玛衮征服阿里地区，采取的是“大包围”战术。他并不是先占领阿里与后藏接壤的神山圣湖区，然后从东往西地推进对阿里的征服（这么做的话，阿里的原有势力可以依托地形优势，分散驻防，节节抵抗）。而是从后藏的玉荣拉孜城堡出发，经北路（byang-lam）绕道到阿里地区西部的热拉卡玛城堡（ra-la-mkhar-dmar，位于狮泉河流域的扎西岗地区）。这一战术直接大穿插到了阿里地区的腹心地

① 黄博：《古格时期西藏阿里地区的重要城堡与村镇略考》，《西藏宗谱：纪念古格·次仁加布藏学研究文集》，中国藏学出版社，2018年，第643页。

带，逼迫当地的统治势力与之决战，结果在热拉卡玛一战击杀了前来迎击的统治当地的象雄聂叙王李锦迦（gnyav-shur gyi rgyal-po li-byin-khya），之后再分兵占领了象泉河流域的扎布让和普兰的下部地区孔雀河流域一带。最后普兰当地的豪强没庐氏（vbro）家族见吉德尼玛衮大业将成，主动与之联姻，并将尼松堡献给吉德尼玛衮，标志着阿里三围征服事业的最终完成。①

扎西衮后来将领地一分为二，长子柯热获得普兰，幼子松艾获得古格，松艾后来出家，是为西藏历史上著名的拉喇嘛益西沃。可以说，松艾（益西沃）是古格王国真正意义上的第一代国王。而古格与普兰的历史渊源和政治联系也最为亲密。事实上，古格与普兰不但都是源出扎西衮，第一代普兰国王柯热与古格国王松艾是亲兄弟，乃是真正的“兄弟之邦”；同时两地的经济基础和地理环境也都高度相似，古格与普兰是阿里地区仅有的两大河谷农业区。对古格来说，获得普兰不但可以增加地盘，更重要的是可以强化自身的立国基础，大大地增强自身的经济实力。所以普兰在历史上成为古格朝廷治下仅次于象泉河流域的次级核心区，凡是古格在历史上的强盛时期，一定会把普兰纳入自己的治下。当然兼并的方式是多样化的，可以

---

① 古格班智达扎巴尖参著：《太阳王系和月亮王系》（藏文版），西藏人民出版社，2014年，第144—146页。

是政治联合，也可以是军事征服。

如10世纪晚期古格与普兰分立以后不久，松艾出家成为拉喇嘛益西沃，普兰王柯热兼主古格政务。益西沃通过佛教政治的一系列操作，将古格王室与普兰王室融为一体，事实上形成了“古格—普兰联合王国”。这一时期，古格事实上兼有普兰，成为阿里地区乃至整个西藏西部地区最强大的政治势力。古格—普兰联合王国经过益西沃—柯热、拉德、沃德—绛曲沃、泽德四代人的努力，一度成为当时整个西藏最有影响力的地方政权。古格、普兰的联合状态一直持续到11世纪末（前后约有百年），因王室内讧，普兰才脱离了古格而自立。①

普兰王系约在14世纪后半期中绝，持续了两百多年。1378年（阳土马年）古格国王索南德出兵占领普兰，并委派官员代理普兰政务。②此后普兰基本上成为古格的势力范围。古格的北边，从象泉河流域北上，翻过阿依拉日居山脉以后，是海拔更高的狮泉河流域。这一带的海拔在4500—5500米之间，但地势平坦开阔，交通条件比山谷纵横的象泉河流域要好。与象泉河流域的河谷农业不同，狮泉河流域的主要经济形态是游牧型的，而受高海拔和高寒气候的影响，这一带的畜牧经济非常脆

---

① 参见黄博：《三围分立：11世纪前后阿里王朝的政治格局与政权分化》，《中国藏学》2012年第3期。

② 古格堪钦·阿旺扎巴：《阿里王统记》，第72页。

弱。因此古格对狮泉河流域的控制程度不高，古格时代的藏文文献中有关狮泉河流域情况的记载也非常稀少。

第二节　古格与西喜马拉雅地区

古格核心区的西北地区，即狮泉河下游河谷地区的拉达克、桑噶尔，离古格核心区较远，中间缺乏农耕区与古格核心区相连，故古格在这一地区政局动荡时会采取政治军事手段稳定局势，但不会长期占领，属古格的积极干预区。吐蕃王朝崩溃以后，吐蕃王室后裔所建立的一些大型地方割据政权大多昙花一现，最终都会不断分化而支离破碎。只有古格在规模上和范围上做到了长期稳定。古格以象泉河流域为核心区，以普兰为次级核心区，这两部分构成古格王国的主体。西喜马拉雅地区的毕底、库奴为重点经略区，拉达克、桑噶尔为积极干预区，从而实现了古格疆域的动态稳定。在古格的核心区，象泉河及其支流切割大山形成的众多河谷地带，是阿里最集中也最发达的农业区。但各河谷区难以连成片，于是在各个河谷上修筑城堡，其统治在地理上呈现出来的特点就是“河谷—城堡”点线网络结构。

古格王国的出现，实际上是阿里王朝的统治重心逐渐转移到河谷农业区的结果。古格以象泉河流域为核心区，将“河谷—城堡”模式向周边的河谷地区复制扩展，形成多圈层动态疆域结构。在古格核心区的西部，喜马拉雅山脉的西侧，事实上也属于象泉河流域。西喜马拉雅地区与古格核心区高度相似，属分散型的高山河谷的散点农耕区。特别是毕底和库奴，本属象泉河流域支系，完全可以把古格的“河谷—城堡”点线网络结构复制过来，但古格在这一地区并没有投入过多的军政资源。这一地区呈现出来的状态是，在大多数的河谷农业地

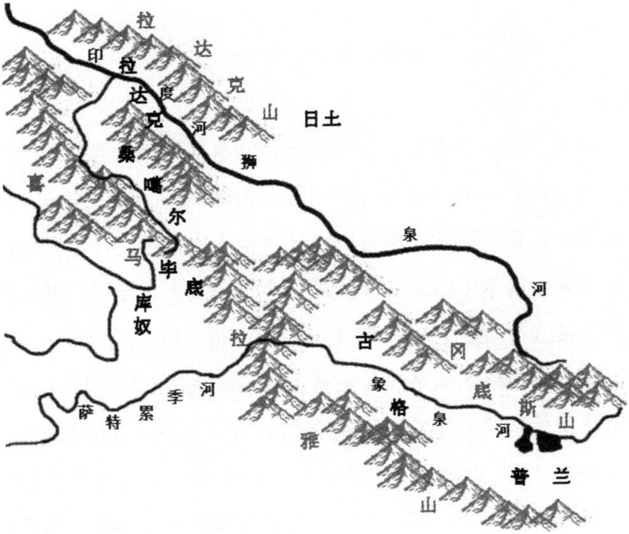

图3　古格与西喜马拉雅地区山川地理示意图

带，没有见到古格常见的“城堡”，但却有大量的与古格佛教势力直接相连的寺院。这些佛教势力和古格王室代表的政治力量有非常密切的关系，形成不同于古格核心区的“河谷—城堡”体系的“河谷—寺院”体系。这些寺院的建筑形制多数建在山崖、峭壁之上，具有控扼河谷农业区的准城堡性质。可以说库奴、毕底一带是古格的重点经略对象，古格在历史上经常将这一地区纳入自己的间接统治之下，或者成为王室直系成员的封地。

毕底、库奴、拉胡尔

古格核心区主要位于象泉河流域的喜马拉雅山脉的东侧地区，而象泉河流域在喜马拉雅山脉的西侧地区，对古格来说也非常重要。象泉河向西南方向经什布奇山口穿过喜马拉雅山脉后即进入金瑙尔（Kinnaur）地区。金瑙尔属于印度喜马偕尔邦的12个县级行政区之一，其中上金瑙尔地区（Upper Kinnaur）在历史上与古格的联系非常紧密。象泉河从古格核心区流出什布奇山口后在哈布（Khab）有著名的斯丕提河（Spiti River）前来交汇，这一地区拥有众多的高山河谷地带，与古格核心区的象泉河流域十分相似，历史上多属古格的势力范围。沿哈布顺着象泉河前行20多公里，可到达一个名叫“普”（spu，有时又被拼写为poo或pooh）的村庄，这个村庄实际上与另一个名叫“科尔”（dkor）的村庄共同构成一个较大的村镇。这里地势相对较低，海拔只有2600多米，人口有1600多人，位于象泉河的右岸上方的山坡上。山上有两方泉眼，给村中的农田提供了灌溉的方便，村子周围环绕着果园和农田，是典型的象泉河谷农业点。这个村庄也是印度平原经西喜马拉雅山地进入古格的交通要道。这里还有一座据说是大译师仁钦桑波创建的寺院。①弗兰克在1910年曾经到过这里，并发现当地人都说藏语，是典型的藏族聚居区。②事实上，现代遗传学的研究也表明，普村人的遗传基因与金瑙尔地区的其他居民有较大的差异，普村人具有比较明显的蒙古人种特征，这跟当地人口结构长期受到藏族移民的影响直接相关。③

---

① 参见Deepak Sanan, Dhanu Swadi, *Exploring Kinnaur and Spiti in the Trans-Himalaya*, Indus Publishing Company, 1998, p.157; F.A. Peter, “Glossary of Place Names in Western Tibet”, *The Tibet Journal*, Vol. 2, No. 2（Summer 1977）, p.23; Deborah Klimburg-Salter, “Tucci Himalayan Archives Report, 1: The 1989 Expedition to the Western Himalayas, and a Retrospective View of the 1933 Tucci Expedition”, *East and West,* Vol. 40, No. 1/4（December 1990）, p.148。

② Francke, A. H, *Antiquities of Indian Tibet*, Two Volumes, Calcutta. 1972, p.18.

③ 参见 S. S. Papiha, S. M. S. Chahal, D. F. Roberts, K. J. R. Murty, R. L Gupta and L. S. Sidhu, “Genetic Differentiation and Population Structure in Kinnaur District, Himachal Pradesh, India”, *Human Biology,* Vol. 56, No. 2（May 1984）, pp. 231–257。

历史上古格曾经长期控制这里，当地有一块早期古格王国时代立的石碑，碑文开头写道："吉祥天赞普拉喇嘛益西沃在位之时弘扬正法（dpal lha bstan-po lha-bla-ma ye-shes-vod kyi sku-ring）。"虽然其后的碑文残损不全，但其文意仍然大致可读，如第4行至第6行，写有"龙年的冬天"（vbrug gi lo dgun），"吉祥天赞普天子"（dpal lha btsan-po lha-sras），"驻锡位于普的王宫"（raja vi pho-brang spur phebs）。碑文中提到的龙年，学者们一般认为是在1004年。塔库尔（Lamman S. Thakur）在1994年发表的识读这一碑文的论文中依据《仁钦桑波传》的年代，判定这一龙年应该在水龙年（992年）和木龙年（1004年）两个龙年中二选一。但他认为碑文中提到的龙年，不可能早于托林寺等早期重要寺院的修建时间，所以碑文的年代不应该早于托林寺开建的996年，因此应是木龙年（1004年）。[①]新近发现的《拉喇嘛益西沃广传》也表明，木龙年对于早期古格王国有着重要的意义，这一年著名的托林寺正式建成开光。[②]不过，水龙年（992年）在早期古格历史上也同样有着重要的意义。萨迦派祖师索南孜摩（1142—1182年）

---

① 参见Laxman S. Thakur, "A Tibetan Inscripiton by lHa Bla-ma Ye-Shes-'od from dKor (sPu) Rediscovered", *Journal of the Royal Asiatic Society of Great Britain &Ireland*, Volume 4,Issue 3, 1994, pp.369-374。

② 古格班智达扎巴坚赞：《拉喇嘛益西沃广传》（藏文版），西藏人民出版社，2013年，第22页。

在其所著的《入法门论》（*chos la vzug pavi sgo zhes byavi bstan bcos*）中记载，当年古格王室在觉拉（cog-la）地区的倍卡尔（speg-mkhar）集会，决定要在绒域的巴甘（pa-sgam）修建一座小庙。①所以992年和1004年这两个年份都是古格大兴土木之际。

从“普”村（spu）沿象泉河顺流而下继续前行10多公里，有象泉河的支流罗巴河（Ropa River）在此交汇。在象泉河与罗巴河的交汇处右转，沿罗巴河逆流而上10多公里，进入罗巴河河谷深处，即有一个以“罗巴”（Ropa）命名的村庄。这里海拔约有2900多米，人口有500多人。②罗巴村应当也是早期古格王国的势力范围，当地的一座小庙据说是著名的大译师仁钦桑波所建，从寺中雕塑的技艺和风格来看，也可以印证罗巴寺的建寺时代属于10世纪末到11世纪初，即古格王国早期拉喇嘛益西沃的时代。③从罗巴河与象泉河的交汇处沿象泉河河道继续前行20多公里到江吉（Jangi）附近，有象泉河的支流德东河（Tedong River）汇入。沿德东河逆流而上，50多公里的河谷深处有一个

① 索南孜摩：《入法门论》（藏文版），《萨迦全集》（藏文版），中国藏学出版社，2007年，第494页。

② 参见Deepak Sanan, Dhanu Swadi, *Exploring Kinnaur and Spiti in the Trans-Himalaya*, p.153。

③ 参见克里斯汀·卢扎尼兹著，熊文彬、赵敏熙译：《喜马拉雅西部早期佛教泥塑：10世纪末至13世纪初》，中国藏学出版社，2018年，第76页。

名叫“恰让”（charang）的村庄。这里海拔有3400多米，人口200多人。村中有据说是仁钦桑波所建的让日孜寺（rang-rig-rtse），寺中的木雕年代可以确定为11世纪中叶，说明这里也是早期古格王国的势力范围。①

除了上金瑙尔地区以外，同属喜马偕尔邦的斯丕提地区也是历史上古格王国最重要的势力范围之一，其重要性和受到古格控制和影响的程度超过上金瑙尔地区。斯丕提这一名称即来自藏文的毕底（spi-ti）。毕底（斯丕提）地区在历史上与古格的联系非常紧密，象泉河从古格核心区经什布奇山口流出后不远处就是斯丕提河与象泉河的交汇处，即上文提到的哈布（Khab）。从哈布溯斯丕提河而上20多公里，再向右转入山道，约7公里后可到达著名的那科（Nako）村。那科虽然是斯丕提河下游最重要的一个据点，但在行政区划上仍然属于金瑙尔县。那科的海拔有3600多米，人口约400人。②那科村中有著名的那科寺，那科寺据说始建于1025年，但寺中最早的一批泥塑的年代大多可以断定为12世纪。寺中最著名的建筑叫作“译师殿”，显然是为了纪念著名的大译师仁钦桑波，但《仁钦桑波

① 参见克里斯汀·卢扎尼兹著，熊文彬、赵敏熙译：《喜马拉雅西部早期佛教泥塑：10世纪末至13世纪初》，第82—83页。

② 参见Deepak Sanan, Dhanu Swadi, *Exploring Kinnaur and Spiti in the Trans-Himalaya*, p.162。

传》中并没有记载他曾创建过那科寺，有学者从那科寺题记中推测那科寺的创建者不是古格王室而是当地贵族。①那科寺的存在表明，那科村在历史上跟古格的关系显然是非常密切的。

从那科出发，沿斯丕提河继续北上，20多公里处有一处名为“羌”（chang）的村庄，村中有著名的羌科寺（chango）。该寺属主巴噶举派的寺院，寺名叫“扎西通强”（bkra–shis–mthong–byams），据说是由吐蕃王朝时代的莲花生大师所创立。②从羌科寺出发沿斯丕提河继续北上，斯丕提河在三朵（samdo）附近左转，然后向西流，沿斯丕提河继续向西，全程40多公里，即可抵达著名的塔波村（Tabo）。塔波村即属于传统的毕底的地域范围。塔波村位于斯丕提河北岸的河谷上，海拔3200多米。两边的高山虽然荒凉，但塔波村的河谷地带却是一片郁郁葱葱，远眺之下，可见高山荒原中一块明亮的绿洲，塔波村的人口有500多人。③

塔波村拥有整个西喜马拉雅地区最有名的藏传佛教艺术中

---

① 参见克里斯汀·卢扎尼兹著，熊文彬、赵敏熙译：《喜马拉雅西部早期佛教泥塑：10世纪末至13世纪初》，第92—99页；Ahluwalia, Manjit Singh, *Social, Cultural and Economic History of Himachal Pradesh*, Indus Publishing, 1998, p.142。

② 参见F.A. Peter, “Glossary of Place Names in Western Tibet”, *The Tibet Journal*, Vol. 2, No. 2（Summer 1977）, p.8。

③ 参见克里斯汀·卢扎尼兹著，熊文彬、赵敏熙译：《喜马拉雅西部早期佛教泥塑：10世纪末至13世纪初》，第38页。

心——塔波寺，塔波寺的建寺时代也可以追溯到早期古格王国时代。按塔波寺题记的说法，该地最早是在猴年（996年）由“先祖菩萨”（即益西沃）创建的，四十六年后拉尊绛曲沃又进行了修缮。[①]996年是古格王室开启一系列佛教寺院兴建工程之始，当年开工的最有名的寺院就是托林寺。而四十六年后即1042年，这一年也是古格佛教史上的重要年份，当年古格王室迎请的阿底峡大师抵达古格。其时古格国王正是绛曲沃。绛曲沃是益西沃的侄孙，益西沃的兄长柯热之子拉德有三个儿子，长子即沃德，继拉德之后成为古格国王，次子名叫扎西沃，幼子名永松德。扎西沃即绛曲沃，而永松德即另外一位有名的拉喇嘛——悉瓦沃。扎西沃在益西沃晚年的时候出家为僧，取法名绛曲沃。11世纪30年代前期古格遭遇了一次重大的军事灾难，国王沃德战败被俘，不久死于逃亡的路上。作为王弟，绛曲沃接任了古格国王之位，随后领导古格的战后恢复与重建工作，兴建大量寺院，并且主持了迎请阿底峡大师入藏的事业。[②]所以他在1042年修缮塔波寺应该是属于迎请阿底峡大师入藏系列活动的一部分。塔波寺中还有一幅益西沃、绛曲沃和

---

① 题记的藏文版原文以及汉译文分别见［意］图齐著，魏正中、萨尔吉主编：《梵天佛地第三卷：西藏西部的寺院及其艺术象征》（第一册 斯比蒂与库那瓦），上海古籍出版社，2010年，第131、156页。

② 关于绛曲沃的生平，参见黄博：《10—13世纪古格王国政治史研究》，社会科学文献出版社，2021年，第171—177页。

悉瓦沃三位古格王室拉喇嘛的组画，其下的题记还将托林寺和塔波寺并列，这些都表明塔波寺与古格王室的密切关系。①

从塔波寺出发沿斯丕提河继续西行一段后再往北走，约30公里可到达章卡村（brang-mkhar）。这里曾经是斯丕提土邦的首府，现在是个中等规模的村庄，人口约300人。②章卡位于斯丕提河右侧的山崖上，海拔将近3900米，与斯丕提河谷约有300米的落差，显然是有利于居高临下地控扼河谷地带，当地的僧人还讲述着从山上的寺院向下投掷石头打击入侵者的故事。③这一特点与古格的“河谷—城堡”体系颇为相似。章卡的历史虽然可以追溯到12世纪——章卡最著名的是章卡寺（藏文全名为“lha-vod-pavi dgon-pa”），其创建者是一位名叫达沃（zla-vod）的僧人，他生于1121年。但章卡在早期跟古格的政治文化联系并不明确，章卡崛起成为斯丕提本地政权的首府，是在17世纪以后，在早期这里可能并未形成较大规模的居民点。④

---

① ［意］图齐著，魏正中、萨尔吉主编：《梵天佛地第三卷：西藏西部的寺院及其艺术象征》（第一册 斯比蒂与库那瓦），第76—77页。

② 数据来源于印度2011年举行的第15次全国人口普查，见印度2011年人口普查网站：http://www.census2011.co.in/data/village/12593-dhankhar-himachal-pradesh.html。

③ Harish Kapadia, *Spiti:Adventures in the Trans-Himalaya*, Indus Publishing House, New Delhi, 1999, p.76.

④ A.H. Francke, *Antiquities of Indian Tibet*. Vol.I, Calcutta, 1972, p.43.

从章卡寺下眺即可望见斯丕提河与其支流滨河（Pin）的交汇处，整个宾河河谷位于斯丕提河的西侧，被荒凉的高山峡谷所环绕。整个河谷内分布着大小不一的十多个村庄，每个村庄之间相距约3到10公里。从滨河与斯丕提河交汇处向西南方向前行约15公里，可到达斯丕提地区唯一的宁玛派寺院——贡日寺（Kungri），据说始建于1330年左右。滨河河谷是斯丕提地区唯一一个宁玛派的势力范围。贡日寺附近的米金（Mikkim）有一条滨河的支流汇入，渡过滨河进入滨河支流河谷南下，在高山深谷中穿行，可抵达木德（Mud）村，从贡日寺到木德村全程约有18公里。木德村有著名的“甫钦”（bu-chen）藏戏表演人，他们自称是15世纪享誉全藏的藏族建筑大师、藏戏创始人汤东杰布（1385—1464年）的传承者。从木德继续沿滨河的支流南下约20公里，可到巴瓦山口（Bhaba pass），巴瓦山口是滨河河谷与上金瑙尔地区连接的咽喉要道，海拔4800多米。翻过巴瓦山口，沿巴瓦河继续南下28公里，可抵达金瑙尔地区的一个大镇——文杜（Wangtu），文杜即在象泉河的主干道上。从文杜沿象泉河干道向东可往上金瑙尔地区的普村等地，向西可到巴沙赫（Bhashar）地区的重镇兰普尔（Rampur）。[1]

从章卡沿斯丕提河继续北行一段距离，在林提（lingti）有斯丕提河的支流林提河汇入，沿着林提河向东行一段距离即是拉隆村（lha-lung），从章卡到拉隆全程约12公里。拉隆村是林提河谷最大的一个村庄，位于林提河南岸，海拔约3600米，人口约300人。[2]拉隆村中有拉隆寺，又称“金殿”，其历史据说也可以追溯到仁钦桑波时代。最早当为噶当派的寺院，可能在14世纪改宗为萨迦派的寺院，17世纪晚期清代西藏地方政府收复古格故地时，拉隆寺又被迫成为格鲁派的属寺。[3]拉隆寺的历史变革与古格历史发展的进程基本一致，拉隆村显然在文化上属于古格的势力范围。

从拉隆村出发，沿林提河顺流而下约10公里，可回到林提河与斯丕提河的交汇处，再沿着斯丕提河向北前行约17公里，即可抵达斯丕提河谷的重镇——卡孜（Kaza）。卡孜藏语为“mkhar-rtse”，意即“山峰上的城堡”，卡孜位于斯丕提河东岸，海拔3600多米，是斯丕提河谷最大的城镇和商业中心。

---

① 滨河河谷的人文地理及独特的甫钦藏戏表演的情况，可参见 Pascale Dollfus, “The Great Sons of Thang stong rgyal po: the Bu chen of the Pin valley, Spiti”, *The Tibet Journal*, Vol.29, No.1 (Spring 2004), pp.9–32。

② Deepak Sanan, Dhanu Swadi, *Exploring Kinnaur and Spiti in the Trans-Himalaya*, p.188.

③ O. C. Handa, *Buddhist Monasteries in Himachal Pradesh*, Indus Publishing Company, New Delhi, 1987,p.82.

卡孜附近有名声显赫的丹珠尔寺（Tangyud Monastery），又称为“萨迦贡米寺”（Sa-skya-gong-mig Gompa），寺院建在高谷深峡之上，非常雄伟，可以居高临下地俯视卡孜镇，海拔高达4500米。丹珠尔寺始建于14世纪，其前身据说也是仁钦桑波所建的一座名叫“拉朵拉”（rador-lha）的小寺，后来才成为一座萨迦派的寺院。寺名之所以叫“丹珠尔寺”，可能跟1310年由萨迦派的喇嘛却吉沃色（chos-kyi-vod-zer）负责完成的萨迦版《丹珠尔》有关。①

从卡孜沿斯丕提河继续北上约12公里后可抵达斯丕提河谷最大的藏传佛教寺院——吉寺（Kye Monastery）。该寺位于斯丕提河北岸的山崖上，是一座山顶城堡式的寺院，海拔约4100米，19世纪中叶的调查显示吉寺的僧人约100人。吉寺的历史也可以追溯到11世纪，据说其创立者是噶当派的祖师仲敦巴（1008—1064年），14世纪萨迦派崛起后，吉寺又成为萨迦派的寺院。17世纪末清代西藏地方政府收复古格故地后，吉寺又被改宗成为格鲁派的寺院。近代森巴战争期间，吉寺跟阿里地区的许多寺院一样曾遭到道格拉人侵略军的洗劫和破坏。②

---

① 参见O. C. Handa, *Buddhist Monasteries in Himachal Pradesh*, pp.83-85; F.A. Peter, *Glossary of Place Names in Western Tibet*,p.15。

② 参见O. C. Handa, *Buddhist Monasteries in Himachal Pradesh*, pp.99-100; F.A. Peter, *Glossary of Place Names in Western Tibet*,p.17。

从吉寺继续沿斯丕提河北上，约30公里可到汉萨（Hansa），斯丕提河在此向西流。从汉萨沿斯丕提河西行，约12公里到洛瑟尔（Losar）。斯丕提河在洛瑟尔附近有一条支流流向西南，顺着这条支流前行约18公里，会抵达著名的贡松山口（Kunzum La）。贡松山口海拔4500多米，是奇纳布河谷（Chandra）与斯丕提河谷的分水岭。翻过贡松山口，向南行进一程后转向西行，70多公里后到达奇纳布河谷的第一村科格瑟尔（Khorksar）。从科格瑟尔往西可去拉胡尔，往南则可往库奴。从科格瑟尔出来向南行约18公里，抵达罗塘山口，翻过海拔近4000米的罗塘山口（Rohtang Pass），再向南行约40公里即可到达比亚斯河（Beas）河畔。比亚斯河谷的中下游地区即是库奴地区，在比亚斯河中下游七八十公里处，两岸地势开阔，海拔多在1000—2000米，形成了比较肥沃的耕地，可以种植品种丰富的农作物。比亚斯自然环境比拉胡尔、斯丕提河谷好很多，河谷两边的山坡是一派郁郁葱葱，跟拉胡尔、斯丕提河谷看不到一棵树的荒凉山坡完全不一样。比亚斯河谷形成了众多的村落和城镇，包括库奴（Kullu）、默纳利（Manali）等较大的城镇，经济状况也比斯丕提河谷发达很多。[①]

---

① 参见A. F. P. Harcourt, “On the Himalayan Valleys: Kooloo, Lahoul, and Spiti”, *The Journal of the Royal Geographical Society of London*, Vol. 41 (1871), pp. 245–257; S.C. Bajpai, *Lahaul-Spiti: A Forbidden Land in the Himalayas*, Indus Publishing, 2002, pp.1–9。

从科格瑟尔沿奇纳布河继续西行然后北行约36公里，可到达拉胡尔地区声名最显赫的藏传佛教寺院——甘多拉寺（Gandhola Monastery）。寺院修建在奇纳布河东侧的山崖上，海拔3100多米。寺院历史可以追溯到8世纪的莲花生大师时代，据说莲花生大师入藏前曾在这里停留，寺名“Gandhola”即得名于此，梵文本意是指莲花生大师曾驻锡过的“香室”（净室）。甘多拉寺是拉胡尔地区最大的、也是最显赫的主巴噶举派的寺院。[①]奇纳布河最主要的支流帕加河（Bhaga）在这里与之交汇，帕加河谷是拉胡尔地区最繁荣的地带，拉胡尔的首府吉朗（Kye-lang）即位于河谷中。从甘多拉寺沿帕加河往东北方向前行不到10公里即可到吉朗。吉朗海拔约3300米，位于帕加河的北岸。吉朗北面约3公里处的山崖上是著名的夏宿寺（sha-shur），“sha-shur”本意指的是“在青色的松林中”，是当地人以寺院周围的环境给寺院取的俗称。该寺的本名叫扎西宿林寺（bkra-shis-shugs-gling），为17世纪前后拉达克僧人德瓦嘉措（bde-ba-rgya-mtsho）所建，他是主巴派的高僧。[②]

事实上，拉胡尔地区与拉达克只有一山之隔，特别是帕加

---

① O. C. Handa, *Buddhist Monasteries in Himachal Pradesh*, pp.123-130.

② O. C. Handa, *Buddhist Monasteries in Himachal Pradesh*, pp.130-133; F.A. Peter, *Glossary of Place Names in Western Tibet*, p.17.

河谷上游的巴拉拉乔山口（Baralacha–la），就是整个拉胡尔、库奴、斯丕提地区进入拉达克和桑噶尔的重要通道，因此双方在历史上联系非常紧密。拉胡尔这个名称，可能也是来自拉达克人的说法，词源是藏语的“lho–yul”，即拉达克人眼中的“南方之地”。《拉达克王统记》记载，第六位国王拉钦乌巴拉（lha–chen utpala）在位时，曾统领上、下拉达克的联军攻入浓迪（nyung–ti）——即库奴，并迫使库奴国王与之订立和约，同意向拉达克进贡。[①]所以离拉达克最近的拉胡尔的帕加河谷实际上是拉达克的势力范围，特别是在宗教上。随着后来主巴派在拉达克传教获得极大的成功之后，帕加河谷中的许多寺院都成为主巴派的寺院，包括历史悠久可以追溯到12世纪中叶的位于吉朗附近的贡让寺。[②]

桑噶尔与拉达克

从吉朗沿帕加河向东北前行约70公里，即是如雷贯耳的巴拉拉乔山口，山口海拔接近4900米，是穿越桑噶尔山脉的主

---

① 参见《拉达克王统记》（藏文版），第43页；Luciano Petech, *The Kingdom of Ladakh C.950-1842 A.D.*,p.18；[意]毕达克著，沈卫荣译：《拉达克王国史（950—1842）》，第17页。

② 克里斯汀·卢扎尼兹著，熊文彬、赵敏熙译：《喜马拉雅西部早期佛教泥塑：10世纪末至13世纪初》，第128—134页。

要通道，也是连接拉胡尔地区和拉达克地区的交通干线的重要节点，奇纳布河和帕加河都发源于巴拉拉乔山口附近。翻过巴拉拉乔山口后就来到了桑噶尔河流域，桑噶尔河两大支流之一的查热布河（Tsarap）就发源于巴拉拉乔山口附近。经查热布河继续向东北方向前行约30公里，就可以到达一个名叫萨尔楚（Sarchu）的牧点，海拔接近4300米，过了萨尔楚继续前行几公里就可以进入拉达克境内了。

如果在萨尔楚附近继续沿查热布河先北行再西行，可以前往桑噶尔。从萨尔楚出发，约80公里可到达桑噶尔的普达寺（Phuktal），沿途迄今仍不通公路，目前是全世界徒步旅行的热门线路之一。寺院位于查热布河右岸的山崖上，海拔3800多米，寺院的房舍环绕着山中的洞穴依山而建。普达，藏语的准确拼法是“phug-tal”，在桑噶尔的藏语方言中是“洞穴修行地”的意思，因寺院依山中洞穴而建得名。普达寺作为洞穴修行地的历史非常古老，据说莲花生大师、大译师玛尔巴等人都曾在此洞穴中修行过。现存的寺院则可以追溯到15世纪，是由宗喀巴大师的弟子绛森喜绕桑波（byang-sems shes-rab bzang-po）修建的。绛森喜绕桑波是玛域拉达克上部地区的人（同一时期宗喀巴大师还有一位来自康区名叫喜绕桑波的弟子），他学成之后约在15世纪20年代回到阿里，先在古格一带传法，约在15世纪40年代前往拉达克活动。他是格鲁派在拉达克传播的得力干将，先后在拉达克、桑噶尔等地修建、重建或翻新了多所寺院。他驻锡普达寺期间还得到拉达克国王和库奴国王的支持，获赐了不少土地，最后也圆寂于普达寺。①

从普达寺沿查热布河继续西行6公里到达普尼（Pune），这里是查热布河和嘎尔嘉河（Kargya）交汇处，两河交汇后形成桑噶尔河最重要的两大支流之一岭堤河（Lingti，准确的藏文拼写应是“lung-nag”）。从普尼沿岭堤河继续西行，沿途都是高山峡谷，河道所经之处大多非常狭窄，沿途也没有多少河谷绿洲。约30公里后，可到达穆尼村（Muni），村中有属于格鲁派的寺院穆尼寺。从穆尼沿岭堤河北行8公里，可到巴尔丹寺（Bardan），寺院耸立在岭堤河南岸的一处峭壁上，下瞰岭堤河从崖下流过，犹如一座山顶城堡。1618年，该寺由拉达克的主巴派高僧德瓦嘉措创建。②

过巴尔丹寺后，岭堤河开始进入一个比较开阔的山谷，桑噶尔河两大支流的另一条支流堆河（Stod）在附近与岭堤河合流，因此形成了桑噶尔最大的一块河谷农业区，即帕登山谷

---

① Howard, N. F, “The Political Geography of South-east Zanskar, and a Reconsideration of the Royal Chronologies of Zanskar and Ladakh in the 15th Century”, *South Asian Studies*, 2002, Volume 18, Issue 1, p.102.

② David L. Snellgrove and Tadeusz Skorupski, *The Cultural Heritage of Ladakh 2:Zangskar and the Cave Temple of Ladakh,* ARIS & PHILIPS, 1977, p.43.

（Padum），准确的藏文拼法是“dpal-vdum”。山谷中的海拔多在3500多米，桑噶尔的首府帕登即位于此。帕登位于岭堤河西岸，周边有大量的耕地，分布着众多的寺院。在西南边不远处，紧邻帕登的是塔日莫寺（Tagrimo，准确的藏文写法为“stag-ri-mo”），也是主巴派的寺院，寺中还有南主巴派的祖师、不丹法王夏仲·阿旺南杰（1594—1651年）的壁画。

帕登的西边有据说是桑噶尔最古老的寺院——萨尼寺（Sani）。该寺位于堆河的南岸，距帕登约8公里。萨尼寺跟大多数的寺院不同，不是建在山崖或峭壁之上，而是建在堆河河谷通往帕登的大道边的一处平地上。萨尼是桑噶尔与卡尔吉尔的交通要道。堆河发源于海拔3900多米的本孜拉山口（Penzi-La，准确的藏文拼写为“dpon-rtse-la”），从萨尼沿堆河河谷北行，翻过本孜拉山口，可以前往卡尔吉尔，全程约220公里，这是桑噶尔对外连接的主要通道。萨尼寺的历史可以追溯到前藏传佛教时代，附近有著名的高达6米的迦尼伽（Kanika）佛塔，据说是公元2世纪著名的贵霜王朝的迦腻色伽一世时期的遗迹。迦尼伽佛塔旁边有据说是莲花生大师创建的上师殿（guru lha-khang），以及据说是在那若巴曾经的冥修处建成的那若巴殿。后来随着主巴派在拉达克的兴起，萨尼寺又成了主巴派的寺院，并接受拉达克的塔那寺的领导。[1]萨尼的西边，堆河的支流巴杜河流域（Bardur）还有一座古寺——宗区寺（Dzongkhul，准确的藏文拼法为“rdzong-khul”）。该寺位于堆河与其支流巴杜河交汇处西南方不远的一个山谷中，从宗区寺沿河谷西行，翻过乌玛西山口（Umasi-La），可到基什特瓦尔（Kishtwar）。宗区寺也是建在河边的一处峭壁上，旁边的一个山洞据说是那若巴曾经冥修过的地方，洞口还有那若巴留下的脚印。宗区寺也是为了纪念那若巴才修建的，后来成为主巴派的寺院，寺中有大量的主巴派上师的传承壁画。[2]

帕登的北边，堆河和岭堤河交汇处北岸的山崖上有桑噶尔地区最大的格鲁派寺院噶尔夏寺（Karsha），距帕登约10公里。噶尔夏寺是桑噶尔有文献记载的历史最悠久的寺院之一，全名为噶尔夏强巴林（dkar-sha byams-pa-gling）。《格鲁派教法史——黄琉璃宝鉴》中明确记载了噶尔夏寺的创建者是后弘期初期桑噶尔地区最著名的佛教高僧桑噶尔译师帕巴喜饶（Phags-pa Shes-rab）。帕巴喜饶主要生活在11世纪，其年代

---

① Janet Rizvi, *Ladakh: Crossroads of High Asia*. Second Edition, Oxford University Press, 1996,pp.53–54; David L. Snellgrove and Tadeusz Skorupski, *The Cultural Heritage of Ladakh 2:Zangskar and the Cave Temple of Ladakh*, p.57.

② Janet Rizvi, *Ladakh: Crossroads of High Asia*, pp.53–54; David L. Snellgrove and Tadeusz Skorupski, *The Cultural Heritage of Ladakh 2:Zangskar and the Cave Temple of Ladakh*, p.55.

比仁钦桑波略晚一点，应与米拉日巴同时。他早年从桑噶尔到古格，成为古格著名的小译师勒白喜绕的弟子，此后他翻译了许多密教的续部经典，获得大量的追随者。他前往卫藏地区活动，修复了著名的大昭寺和桑耶寺。1076年，他参加了古格国王孜德举办的火龙年大法会，并在法会期间负责译出了《量释庄严论》。①虽然他成名之后，大多数时间都是在卫藏地区活动，但对家乡的影响也很大。噶尔夏寺约在15世纪随着格鲁派崛起而成为格鲁派在桑噶尔的重镇。史载宗喀巴的弟子堆·喜饶桑波（stod shes-rab bzang-po）在拉达克传法期间，曾在噶尔夏寺讲传宗喀巴大师的教法，噶尔夏寺遂成为格鲁派的寺院，并形成了常住僧人前去格鲁派的色拉寺、哲蚌寺和甘丹寺这三大寺学法深造的传统。②值得一提的是，即便在如此遥远、封闭的西喜马拉雅地区的山地中，与中原内地的文化交流也是长期存在的，噶尔夏寺集会下殿（vdu-khang vog-ma）的殿画中有一些带有鲜明的国画风格特点的壁画。③

---

① 关于桑噶尔译师帕巴喜饶的生平，参见廓诺·迅鲁伯著，郭和卿译：《青史》，第218页。

② 第悉桑结嘉措：《格鲁派教法史——黄琉璃宝鉴》（藏文版），第281页；汉译本见索南才让译注：《格鲁派教法史——黄琉璃宝鉴》，第285页。

③ David L. Snellgrove and Tadeusz Skorupski, *The Cultural Heritage of Ladakh 2:Zangskar and the Cave Temple of Ladakh*, p.47.

图4　噶尔夏寺集会下殿所绘的一幅弥勒像
（明显受到国画的强烈影响）

堆河和岭堤河是桑噶尔河的两大支流，在帕登附近交汇后北流最终汇入狮泉河（印度河），这一段通常被叫作桑噶尔河。离开帕登谷地以后，桑噶尔河的河谷地带是比较狭窄的，但桑噶尔河谷也是桑噶尔地区的核心地带。桑噶尔在历史上是双核心结构，桑噶尔的王统实际分为两支，一支以帕登为中心，另一支以桑拉（Zangla）为中心，而桑拉就在桑噶尔河谷中。从帕登往北沿桑噶尔河顺流而下，约30公里就可以到桑拉，桑拉的王城就建在桑噶尔右岸的峭壁之上。[①]桑噶尔河过

① David L. Snellgrove and Tadeusz Skorupski, *The Cultural Heritage of Ladakh 2:Zangskar and the Cave Temple of Ladakh* , p.69.

了桑拉之后，开始进入连绵起伏的桑噶尔山脉。尽管桑噶尔河从桑拉往东流约100公里，在巴果（Basgo）附近汇入狮泉河（印度河），但桑拉与巴果之间由于大山阻隔，几乎很难从桑拉沿桑噶尔河而下直抵巴果。事实上，桑噶尔与拉达克虽然接壤，但由于桑噶尔山脉的阻隔，两者之间的交通非常不畅。从桑噶尔的首府帕登到拉达克的首府列城，直线距离不过100公里，但平均海拔超过6000米的桑噶尔山脉横贯其中，帕登—列城之间的交通不得不绕道卡尔吉尔，导致两者的通行距离超过400公里。

看完桑噶尔的基本地理情况后，我们把目光重新移回到萨楚。如果在萨楚不沿查热布河西行，而是往东翻过那基拉山口（Nakeela pass），往东走，沿途翻过几个海拔4500米到5000米的山口，则可以前去拉达克。从萨楚前行70多公里，可以到达一个名叫旁（Pang）的地方，海拔4500米，周围都是荒凉的岩石和沙砾。从“旁”继续北行约100公里，翻越海拔5300多米的塔朗拉山口（Tag-lang la），即可到达茹姆孜（Rumtse）。茹姆孜海拔约4400米，位于嘉河谷（Gya valley）上部，这里虽然土地贫瘠，却开始有河谷农业了。从萨楚到茹姆孜沿途170多公里，是被称为茹宿（Rupshu）的纯牧区。这一带没有定居的村落，只有一些零星的牧点而已，而到达茹姆孜以后，则开始与成片的狮泉河（印度河）流域的河谷农业区连接了起来。[①]

嘉河谷是拉达克南部历史最悠久的区域之一，茹姆孜的山崖上也有城堡遗址，可能正是阿里王朝时期的遗迹。从茹姆孜北行3公里即可到达著名的“嘉村”，海拔约4000米，是整个嘉河谷的中心，地势比较开阔，河道的左侧形成大片的农田。嘉村的山崖上也有一座古老而雄伟的城堡遗址，城堡面向河道，居高临下地保卫低处的河谷地带。嘉村的城堡遗址中还有一座寺院，年代应该可以追溯到17世纪初。附近属于17世纪中后期的一则铭文显示，城堡名叫“嘉卡尔穆波”（rgya-mkhar rmug-po），这里可能就是古格亡国前后统治嘉河谷的嘉地小王的王城。嘉地小王被拉达克废除在当地的自治地位的时间可能与古格的亡国差不多同时。史料显示，17世纪初主巴噶举派的高僧达仓热巴在前往拉达克传教时，曾在嘉地停留，并得到嘉地小王的接待。嘉地小王在失去自治地位后，仍然是拉达克最有权势的贵族之一，在18世纪以后，该家族成员有的曾担任拉达克王国的噶伦，是拉达克朝中的重臣；有的曾参与拉达克王室的王位纷争，是拉达克王国权力核心圈中的家族。即使是19世纪30年代印度的查谟土邦征服拉达克之后，嘉地小王的家

---

① Janet Rizvi, *Ladakh: Crossroads of High Asia,* pp.13–16.

族仍然有家庭成员成为查谟宫廷的人质。①

从嘉村沿河谷继续北行10多公里可到达米茹村（Miru）。嘉河在这一段进入狭窄的高山深谷之中，但海拔开始下降到4000米以下，米茹一带海拔只有3600多米。河道两岸形成了一些小块的农田，除了两侧的高山海拔仍然在4000米左右。从米茹继续沿嘉河河道向东北前行10多公里，即可到达嘉河与狮泉河（印度河）的交汇处，附近有一个较大的名叫乌什（Upshi）的村庄。狮泉河（印度河）在乌什一带海拔已经下降到3400米左右，并在河谷两岸形成了大块大块的农田。狮泉河（印度河）下游是拉达克河谷农业最发达的地区。从乌什到卡孜（Khaltse）的沿河两岸，沿线70多公里，海拔从3400米逐渐下降到3000米，沿途分布着许多河谷农业区，形成众多大大小小的村镇、寺院和农田。这部分历来都是拉达克的基本地域范围。②

从乌什沿狮泉河（印度河）顺流而下12公里，即可到卡茹（Karu），海拔约3300米，位于狮泉河（印度河）的右岸。而河对面的山谷中就屹立着著名的赫米寺（Hemis），离卡茹

① Neil Howard and Kath Howard, "Historic Ruins in the Gya Valley, Eastern Ladakh, and a Consideration of Their Relationship to the History of Ladakh and Maryul", *Brill's Tibetan Studies Library*, Vol.35 (*Art and Architecture in Ladakh: Cross-Cultural Transmissions in the Himalayas and Karakoram*), 2014, pp.74–75, pp.91–92.

② Janet Rizvi, *Ladakh: Crossroads of High Asia*, p.31.

约5公里，海拔3600多米。其历史可以追溯到12世的主巴噶举派的高僧郭仓巴（1189—1258年），据说他曾在赫米寺附近的山洞中冥修多年，而正式寺院的修建则在古格亡国前后。该寺于17世纪30年代，在主巴噶举派在拉达克的领袖达仓热巴（1574—1651年）主持下，由拉达克国王森格南杰出资创建。作为拉达克的王家寺院，赫米寺是拉达克所有寺院中规模最大和最富有的一个。[①]而从卡茹右转，也有一条印度河的支流汇入，沿东北方向溯河而上，呈线状分布着大大小小的河谷农业区。从卡茹出发前行10公里可到切雷村，有著名的切雷寺（Chemray），海拔3600多米，寺院依托一座小山逐级而建，主要建筑在山顶上。主持建寺的也是达仓热巴，出资人还是当时的拉达克国王森格南杰，时间约在17世纪40年代中期。[②]从切雷继续前行10公里，有瑟格蒂村（Sakti），海拔3800多米，附近的山丘上有小有名气的塔托寺（“Taktok”或“Thak-thak”）。据说这里最初是莲花生大师修行的一处山洞，拉达克国王才旺南杰在位期间（约1575—1595年）才围绕山洞建

① Tsewang Rigzin, “Hemis: The Richest Monastery in Ladakh”, Edited by Prem Singh Jina, *Recent Researches on the Himalaya*, Indus Publishing Company, 1997, pp.91–92; Janet Rizvi, *Ladakh: Crossroads of High Asia*, p.233.

② Janet Rizvi, *Ladakh: Crossroads of High Asia*, pp.234–235.

成了寺院，塔托寺是拉达克地区唯一的宁玛派寺院。[①]继续前行，则可到羌拉山口（chang-la），海拔5400多米。翻过羌拉山口往东走取道班公湖可到日土，全程200多公里，是拉达克与阿里地区最重要的交通线之一。瑟格蒂到羌拉山口有30多公里，翻过羌拉山口如果继续向北行，则可进入什约克河谷（Shyok）。什约克河谷是拉达克下属的一个重要分区，河谷核心区的村庄也叫“什约克”（Shyok）。从羌拉山口到什约克村大约有50公里，村庄位于什约克河左岸的河谷农业区，海拔约3700米，而河谷两岸都是海拔5000米以上的高山。

而从卡茹沿狮泉河（印度河）干道顺流而下10公里左右，就可以到达塔那村，在附近，狮泉河（印度河）的左岸形成不少河谷农田。村中有颇负盛名的塔那寺，位于狮泉河（印度河）左岸台地的一座山崖上，海拔约3300米。塔那寺现在的西文一般拼作“Stakna”，来源于藏语中的“stag-sna”，意为“老虎的鼻子”，因为寺院所在的山形而得名。塔那寺是拉达克历史最悠久的主巴派寺院。拉达克的主巴派寺院大多是著名的北主巴派高僧达仓热巴主持修建的，而虎鼻寺则在17世纪以前就已建成，建寺高僧是16世纪晚期不丹的南主巴派僧人却杰木增（Chosje Mugzin）。拉达克国王绛央南杰的长子阿旺南杰（森格

---

① Janet Rizvi, *Ladakh: Crossroads of High Asia*, pp.235-236.

南杰的长兄）对该寺的修建贡献巨大，1590年却杰木增建寺时的寺址在山下，1618年在拉达克国王森格南杰的资助下，寺院得到扩建，并将主体建筑建到了山顶上。该寺在桑噶尔和拉胡尔等地还有属寺，是南主巴派在拉达克的重要据点。[①]

从塔那寺往西行5公里左右，在属于桑噶尔山脉的山谷中有玛托村（Matho），村中有著名的玛托寺，是拉达克唯一的萨迦派寺院。现代西文拼写的“Matho”实际上是藏语“mang-tro”的讹变，意为“很多的快乐”。玛托寺的建寺史可以追溯到15世纪初，拉达克国王扎巴本德在位时，出生于康区、后来成为萨迦派僧人的东巴多杰（Dungpa Dorjey）到拉达克传教，得到国王扎巴本德的敬信。扎巴本德将玛托等地赏赐给他，他在玛托的山洞中修行，后来在修行的山洞附近创建了一座寺院，取名“夏林寺”（sha-gling choskor），后改名为“玛托寺”。玛托寺是萨迦派在拉达克的总部，一度非常繁荣，但在16世纪晚期遭到了一次重创。当时拉达克国王绛央南杰与巴尔蒂斯坦发生冲突，巴尔蒂斯坦大军攻入拉达克，洗劫了玛托寺，玛托寺遭到严重破坏。战后，另一位萨迦派僧人却吉洛多重新修复了玛托寺，此后玛托寺成为萨迦派俄尔支派的

① Dr. Prem Singh Jina, *Stagna: A Lho-Druk Monastery Of Ladakh Himalaya,* Sri Satguru Publication, 2012, pp.2-3; Janet Rizvi, *Ladakh: Crossroads of High Asia*, pp.236-237.

属寺。[①]

而从塔那寺继续沿狮泉河（印度河）顺流而下5公里，可到拉达克最古老的寺院之一——聂玛寺遗址群（Nyarma）。该寺位于狮泉河（印度河）的右岸，附近地势比较平坦开阔，海拔3200多米，狮泉河（印度河）流经这里后形成了大片的农田。聂玛寺的历史可以追溯到996年，即古格最著名的佛教中心托林寺奠基之时。《益西沃广传》《阿里王统记》《仁钦桑波传》等多种藏文史书都记载了聂玛寺是在大译师仁钦桑波的主持下，由古格王室出资在同期一起兴建的几座重要寺院之一，其中最著名的包括托林寺、塔波寺、科迦寺等。[②]但聂玛寺后来却逐渐荒废了，至迟在15世纪，寺院建筑已经破败不堪。1447年著名的提克西寺（Thiksay）修建杜康噶波的时候，所用的木料就是从聂玛寺拆来的。聂玛寺遗址相当庞大，由5

---

① Sonam Lamo, "Sakya Tradition in Tibet & Ladakh Region", *The Tibet Journal*, Vol. 44, No.1 (Spring/Summer 2019), pp. 23–24; Janet Rizvi, *Ladakh: Crossroads of High Asia*. pp.237–238; *Buddhism in the Himalayan Belt and Beyond, Tibet and India's Security: Himalayan Region, Refugees and Sino-Indian Relations*, IDSA Task Force Report, 2012, Institute for Defence Studies and Analyses, New Delhi, 2012, p.31.

② 黄博：《10—13世纪古格王国政治史研究》，第93—95页。

座废弃的佛寺建筑遗址和46座风化残破的佛塔组成。①

聂玛寺附近即是提克西村，拉达克地区最大、也是最震撼人心的一座寺院——提克西寺就坐落在这里，距聂玛寺只有3公里的路程。提克西寺位于狮泉河（印度河）右岸一处山崖上，依山而建，拾级而上，等级森严，气势恢宏，素有“小布达拉宫”之名。现代西文拼写“Thiksag”源于藏语的“赤色寺”（khri-se），赤色寺的历史可以追溯到15世纪早期。宗喀巴大师的弟子堆·喜饶桑波（stod shes-rab bzang-po）和他的侄子贝丹喜饶（dpal-ldan shes-rab）一起在拉达克王国创建了赤色寺，因为贝丹喜饶本人身为拉达克国王的大臣，因此赤色寺建成后迅速发展起来，成为格鲁派在拉达克传教过程中最重要的成果之一。②

再沿狮泉河（印度河）顺流而下4公里，可到一个名为谢（Shey）的村庄，名字源于藏文的“shel”，意为“水晶”。这里是早期拉达克王国的都城所在地，直到17世纪前中期列城的王宫建成前，谢村都是拉达克的军政中心。谢的王城位于狮

---

① Birgit Androschin & Carmen Auer, “The Monastic Complex of Nyarma, The Ancient Monastic Complexes of Tholing, Nyarma and Tabo”, *Buddhist Architecture in the Western Himalayas*, Issue 3, Verlag der Technischen Universität Graz, 2021,pp. 115–165.

② 第悉桑结嘉措:《格鲁派教法史——黄琉璃宝鉴》(藏文版)，中国藏学出版社，1989年，第279页；汉译本见索南才让译注:《格鲁派教法史——黄琉璃宝鉴》，第283页。

泉河（印度河）右岸的山崖上，狮泉河（印度河）河谷从塔那开始进入一个相对宽阔和平坦的区域。这块河谷平原向下一直延伸到列城一带，长20多公里，宽4—5公里，是拉达克河谷农业最发达的区域，也是拉达克王国最核心的地区。而谢村附近有条从东方横贯而来的山脉突入流向北方的狮泉河（印度河）河边，王城的位置恰好就在这处突出的山脊上，可以非常有利地控扼住周边的河谷农业区，谢的王城可以说是非常典型地体现了"河谷—城堡"控扼体系的特点。森格南杰迁都列城后，谢的王城在王室政治生活的地位仍然举足轻重，所有的王子出生时都会在谢的王城中举行庆生仪式。①

从谢村出发，继续沿狮泉河（印度河）顺流而下约10公里，就可以到达著名的白图村（Spituk，藏文为"dpe-thub"），这里有拉达克最古老的寺院之一——白图寺。寺院位于狮泉河（印度河）北岸的峭壁上，海拔3300多米。白图寺历史悠久，白图（dpe-thub）的意思是"堪为楷模"，据说出自大译师仁钦桑波的授记。藏文史书上明确记载11世纪的古格国王沃德创建了这座寺院，之后一度处于荒废之中。现存的白

① Prem Singh Jina, *Cultural Heritage of Ladakh Himalaya*, Kalpaz Publications , 2009, pp.176-177; Janet Rizvi, *Ladakh: Crossroads of High Asia*, pp.229-230; David L. Snellgrove and Tadeusz Skorupski, *The Culture Heritiage of Ladakh, Vol.1:Central Ladakh*, 1977, p.89.

图寺建筑可以追溯到15世纪，是格鲁派传入拉达克时兴建的最早一批，实际的创建者应该是克珠杰的弟子桑普哇·拉旺洛追（gsang-pu-ba lha-dbang-blo-gros），尽管史书上称他只是对荒废的寺院进行了“修缮”（gso-mdzad）。①

白图寺的对岸，即狮泉河（印度河）南岸的谷地中有斯托克村（Stok），斯托克河在附近汇入狮泉河（印度河），从而形成一块两河交汇处的河谷农业区。村中有晚期拉达克王室的夏宫城堡，也是修建在峭壁之上，俯瞰山下的河谷农业区。斯托克河过了斯托克村之后，就进入崇山峻岭中，海拔从3400多米逐级上升到5000多米。19世纪40年代前后，查谟土邦吞并拉达克之后，即将拉达克王室安置在斯托克的行宫中，斯托克的王城成为亡国后的拉达克王室最后的庇护所。②拉达克的首府列城就在白图寺背后的山谷中，白图寺到列城的拉达克王宫只有8公里。普曲河（Puchu）穿流而过，形成一块相对肥沃的河谷农业区，河谷地带的海拔约3500米，列城的王宫则建在河谷边缘突出山脉的一处峭壁上。16世纪中后期在位的拉达克国王扎西南杰就开始经营列城，在列城的胜利峰上修建了一座城

① 第悉桑结嘉措:《格鲁派教法史——黄琉璃宝鉴》(藏文版)，第280页；汉文本见索南才让译注:《格鲁派教法史——黄琉璃宝鉴》，青海人民出版社，2021年，第283—284页。

② [意]毕达克著，沈卫荣译:《拉达克王国(950—1842)》，第150—151页。

堡和护法殿，现在城堡已经荒废，但护法殿仍然存在，殿中还有一幅扎西南杰的画像。到17世纪前中期拉达克国王森格南杰（1612—1642年）在位时，拉达克王室将都城从谢迁到列城，在胜利峰修建了九层的王宫城堡，耸立在胜利峰上的一处山崖之上。列城王宫与现存的布达拉宫几乎是同一时期修建的，看上去虽然像缩小版的布达拉宫，但仍然气势恢宏。①

从白图寺继续沿狮泉河（印度河）西行，大约5—6公里后，狮泉河（印度河）在拉达克最集中的河谷农业区就结束了。接下来狮泉河（印度河）河谷开始急速收窄，在崇山峻岭之中穿行。在狮泉河（印度河）主干道以北的山谷中，有一座古老的寺院，名为皮央寺（Phiyang），距白图寺13公里，建在皮央村边的一座小山上，可以俯视整个村庄。皮央寺据说也是拉达克国王扎西南杰时期所创建的，是拉达克境内较早的一座属于止贡派的寺院，也是拉达克仅有两座止贡派寺院之一。②

从皮央出来回到狮泉河（印度河）主河道继续西行25公里可到巴果（Basgo），这一路上都是高山，河道所经之处都是

---

① Janet Rizvi, *Ladakh: Crossroads of High Asia*, p.69, pp.225–226; David L. Snellgrove and Tadeusz Skorupski, *The Culture Heritiage of Ladakh, Vol.1:Central Ladakh*, p.99.

② Janet Rizvi, *Ladakh: Crossroads of High Asia*, p.69, p.228; David L. Snellgrove and Tadeusz Skorupski, *The Culture Heritiage of Ladakh, Vol.1:Central Ladakh*, p.123.

狭窄的深谷，直到巴果附近才有几块小的深谷中的绿洲出现。巴果村位于狮泉河（印度河）北岸，海拔只有3100多米，但四面都被群山包围，只在河边有一小块的平地形成一些农田。巴果有拉达克最古老的城堡之一，名为“热丹拉孜”（rba-brtan lha-rtse），意为“牢固的神峰”。15世纪早期，拉达克王室进行了一次分封，国王扎本德的弟弟扎巴德获得了巴果、丁莫岗等下部拉达克诸地；到15世纪中期，拉达克王室中的巴果支系获得整个拉达克的统治权，开创了拉达克的第二王朝——南杰王朝。巴果城堡周围分布着众多的寺院，包括据说是仁钦桑波时代创立的、也有认为是16世纪晚期在位的拉达克国王才旺南杰时代创立的一座名为“强巴拉康”（Byams-pa Lha-khang）的寺院。强巴拉康寺早期可能是止贡派的寺院，后来改宗了主巴派，寺中有克什米尔风格的才旺南杰的画像。此外还有一座名为“金铜寺”（gser-zangs）的王室寺院，寺中收藏着用金汁等抄写的藏文大藏经，包括《甘珠尔》和《丹珠尔》，这套大藏经的出资人就是著名的拉达克国王森格南杰。金铜寺附近还有一座小型的佛堂，其中收藏的一尊弥勒佛像还有森格南杰的王妃格桑卓玛（bskal-bzang sgrol-ma）的题记。题记显示这尊佛像是在水马年（1642年）由王妃敬献的。[①]巴果的地理位置非常重要，这一带的狮泉河（印度河）都是在群山中穿流而过，但往东则是宽阔平坦的拉达克核心区（列城），往西是巴尔蒂斯坦（斯卡都）和克什米尔（斯利那加），扼东西交通线之咽喉：一方面可以阻击从西面而来的克什米尔、巴尔蒂斯坦的入侵者；另一方面当拉达克的核心区受到攻击时，也可以退入拉达克西部的山区，以巴果为基础扼守住下部拉达克地区不失。17世纪晚期西藏地方政府在收复古格故地的战争中，一度攻占列城等地，拉达克王室退保西部山区，屯兵于巴果，与甘丹才旺率领的蒙藏联军在巴果对峙达三年之久。[②]

从巴果沿狮泉河（印度河）继续西行15公里左右，即可到达拉达克最负盛名的早期佛教艺术宝库——阿奇寺（Alchi）。阿奇寺附近是下拉达克地区较大的一个河谷绿洲，包括阿奇村和色坡村（Saspol），海拔都在3100米左右。阿奇村位于狮泉河（印度河）的东岸，狮泉河（印度河）过了阿奇村后由北流转向西流，色坡村则在狮泉河（印度河）的北岸。阿奇寺据说也是大译师仁钦桑波创建的寺院之一，不过阿奇寺集会大殿的后

---

① Janet Rizvi, *Ladakh: Crossroads of High Asia*, pp.239–241; David L. Snellgrove and Tadeusz Skorupski, *The Culture Heritiage of Ladakh, Vol.1:Central Ladakh*, pp.93–97.

② 参见［意］毕达克著，沈卫荣译：《拉达克王国史（950—1842）》，第71—72页。

墙上的题记表明，阿奇寺最早的建筑集会大殿的创建人，是一个名不见经传的人物——格丹喜饶（skal-ldan shes-rab），题记中提到他早年曾有在著名的聂玛寺学法的经历。聂玛寺创建于996年，经历草创阶段之后开始招生徒，因传播教法需要一些时间，则格丹喜饶从聂玛寺学成后来到阿奇创立新寺，其创立时间不可能早于11世纪中期。集会大殿门上的题记则表明阿奇寺与拉达克王室也有密切的关系，特别是其中一幅保存得最为完好的壁画正是王室成员的宴饮图。阿奇寺另一处重要的建筑"三层殿"（gsum-brtsegs）中的题记则标明了三层殿的创建者是楚臣沃（tshul-khrims-vod），并强调了他西藏西部地区显贵家族的出身，他与格丹喜饶一样，都源出没庐氏家族（vbro）。值得注意的是，三层殿题记的作者扎丹沃（grags-ldan-vod）也是集会大殿题记的作者，这表明三层殿的创建时代与集会大殿同时或稍后一点。阿奇寺的另一个重要组成部分——新殿（lha-khang so-ma），顾名思义，建筑年代应晚于阿奇寺中其他的主体建筑，考虑到其建筑形制和壁画风格，其建造年代可能在12—13世纪。同一时期的建筑还有译师殿，殿里有仁钦桑波的壁画，殿内的题记大部分被故意擦掉了，只能从开头的赞辞中隐约感受到它与阿底峡、仁钦桑波和仲敦巴的关系：早期的阿奇寺应该是噶当派的寺院，题记被涂掉可能跟后来噶当派的衰落，以及噶举派在拉达克日益得势有关。阿奇寺后来的地位严重下降，最终成为附近的另一座寺院黎基寺（Likir）的属寺。色坡村的东北方向有一条很深也很狭窄的山谷，沿着这条山谷走大约10公里，可以到达黎基村，海拔约3600米，村中有黎基寺，正确的藏文拼法应是鲁吉寺（klu-dkyil）。黎基寺早期历史不清楚，在15世纪格鲁派传入拉达克后，这里成为格鲁派的寺院，并且负责派出僧人照管阿奇寺。①

过了阿奇村和色坡村继续向西，狮泉河（印度河）就完全是在大山深谷中穿行，前行约30公里，就是拉达克最西边的重要城堡——丁莫岗（sting-mo-sgang），位于狮泉河（印度河）北岸不远处的一个山谷中，海拔约3300米。与丁莫岗隔河相望的是卡拉孜（Khalatse），在克什米尔到列城的必经之路上。15世纪初拉达克国王扎本德在位时，其兄弟扎巴本获得了下拉达克的巴果以西地区为封地，修建了丁莫岗城堡作为自己的王城。拉达克王室的巴果支系后来一统拉达克，开创了拉达克的“南杰王朝”。丁莫岗城堡附近的弥勒寺的题记也显示了扎巴本与丁莫岗的特殊联系。城堡修建在突入到山谷中心位置的一处山脊的峭壁上，山顶城堡中有两座佛殿，一座供奉观音，一座供奉莲花生大师，属主巴派的寺院，主寺是赫米寺。

① David L. Snellgrove and Tadeusz Skorupski, *The Culture Heritiage of Ladakh, Vol.1:Central Ladakh*, pp.23–80; Janet Rizvi, *Ladakh: Crossroads of High Asia*, pp.242–248.

城堡下面的弥勒寺属格鲁派的寺院，不过该寺早期可能是止贡派的寺院，因为寺中有玛尔巴、米拉日巴、岗波巴等噶举派早期祖师的壁画。[①]

丁莫岗的西南，狮泉河（印度河）干流以南的山谷中还有著名的喇嘛玉如寺（Lamayuru）。从丁莫岗的山谷下到狮泉河（印度河）河边，沿河道西行到卡尔西（Khalsi）附近转入狮泉河（印度河）的南岸，再沿着一条狮泉河（印度河）的支流进入一个狭窄的深谷，就到了喇嘛玉如寺，全程将近35公里。喇嘛玉如寺也是下拉达克地区的一座古寺，也是止贡派的寺院，当地说法是喇嘛玉如寺是噶举派的祖师那若巴本人创立的，显然是一种附会之辞。寺院壁画中那些属于仁钦桑波时代的特点，意味着其始建年代可能在11世纪前后，最初应是噶当派的寺院，后来才被止贡派所接管。

喇嘛玉如寺虽然偏离了狮泉河（印度河）的干流，但它在克什米尔、巴尔蒂斯坦前往列城的交通要道上，交通地理的优势非常明显。出喇嘛玉如寺往西行不远，就是法图山口（Fatu-la），海拔4100多米，翻过山口后继续西行，再翻过海拔3700多米的南喀山口（Namika-la），就进入瓦卡河谷（Wakha）的穆贝克（Mulbekh），全程60多公里。穆贝克是瓦卡河谷中

① David L. Snellgrove and Tadeusz Skorupski, *The Culture Heritiage of Ladakh*, *Vol.1:Central Ladakh*, pp.102–104.

形成的一个大的河谷农业区。事实上，这一大的区域在古代被叫作普日（purig），经常处在拉达克王室的控制之下，但并不是狭义的拉达克的一部分。穆贝克也是拉达克最西边的最后一个藏传佛教村庄。村中还能见到不少的藏传佛教寺院和众多的佛塔，村中大的寺院就有属于主巴派的色东寺（serdung）和格鲁派的甘丹色寺（rgaldan-se），其中甘丹色寺最古老的佛殿尼玛拉康（nyima）据说是仁钦桑波的弟子所建。这两座寺院非常壮观，因为它们建在村子上方的峭壁之上，高出村庄200多米，村庄的河谷地区海拔约3300米，山顶的寺院海拔有3500多米。穆贝克以西的地区受藏传佛教的影响较小，居民则大多是穆斯林。从穆贝克继续沿瓦喀河向西前行约35公里，即是现代拉达克地区的第二大城镇——卡尔吉尔（Kargil），从卡尔吉尔向东北走可以前去巴尔蒂斯坦，往西南走则可以前去克什米尔，往南走则可以前去桑噶尔。

总的来说，桑噶尔和拉达克皆属狮泉河流域，狮泉河（印度河）发源于冈底斯山脉的冈仁波齐峰附近。狮泉河（印度河）流域的上游和中游地区基本上都是牧区，从冈仁波齐峰北侧发源后北流，约160多公里，到革吉县，一般认为这一段是狮泉河（印度河）的上游。从革吉河道转向西流，约150多公里到扎西岗（途经阿里首府狮泉河镇），是为狮泉河（印度河）的中游，沿途连河谷地带的海拔大多都在4500米以上，完全不适合农业生产，因此基本上全是牧区，且人烟稀少。古格几乎不可能把在象泉河流域的成功模式“河谷—城堡”控扼体系复制到这里来，因此古格对狮泉河流域的统治是非常薄弱的。扎西岗是古格时代狮泉河流域最重要的交通要道，狮泉河流至扎西岗附近，地势都还比较开阔。特别是在扎西岗的东南方向，狮泉河的东岸形成了一块长八九公里、宽四五公里的地势平坦的荒原，这里有著名的若拉卡玛城堡，古格王国的前身阿里王朝最初经略阿里地区就是从这里开始的。藏文古籍《太阳王统记》记载，955年阿里王朝的开创者、吐蕃赞普的直系后裔吉德尼玛衮从后藏率军征服阿里，与象雄王黎锦迦会战的地方就是若拉卡玛（ra-la mkhar-dmar）。[①]这一战也是决定阿里地区命运的大战，吉德尼玛衮在此一战击杀象雄王，收服象雄故地，开创了阿里王系。战后，吉德尼玛衮曾短暂地定都于此，但不久之后就将统治中心迁移到了普兰的噶尔东。

此外，狮泉河最重要的支流噶尔藏布也在扎西岗附近汇入狮泉河干流。噶尔藏布在阿依拉日居山脉和冈底斯山脉之间切割出一条天然的通道，从扎西岗沿噶尔藏布往东南方向前行350多公里可到达普兰的噶尔东，即吉德尼玛衮离开若拉卡玛后新建的王城——尼松堡。而从扎西岗向北可到日土和南疆的

① 参见古格班智达扎巴尖参著：《太阳王系和月亮王系》（藏文版），第144—145页。

叶尔羌等地，向西则可顺着狮泉河而下，进入拉达克。但狮泉河流过扎西岗后地势开始收紧，两岸高山深谷，由狮泉河而下前往拉达克的路并不好走。近代森巴战争期间，道格拉人从拉达克集结侵略军入侵阿里时，就是经羌拉山口，绕道班公湖经日土进攻扎西岗的。虽然狮泉河的上游和中游是纯粹的牧区，但狮泉河的下游，特别是拉达克的首府列城附近10多公里的河谷地带，却形成了发达的河谷农业区。然而，从扎西岗沿狮泉河西行到拉达克的首府列城约有300多公里；从扎西岗到古格王城所在地，中间隔着阿依拉日居山脉，最短的路线都有200多公里；古格王城与列城的距离加起来超过500多公里。对古格而言，狮泉河（印度河）下游的拉达克核心区似乎有点太过遥远，而且中间还隔着狮泉河上、中游的一大片纯牧区。事实上，一个政权是很难同时兼顾狮泉河下游的拉达克和象泉河中游的古格这两个互不相连的河谷农业带的。

古格立国的地理基础及其危机

阿里虽然主要是游牧经济，但古格却不是一个游牧政权。清代西藏地方政府在阿里地区设置的噶尔本政府带有强烈的游牧政权色彩，如噶尔本政府搭建帐篷办公，噶尔本驻地随季节周期性移动，首府噶大克几乎没有房屋，居民都是住在帐篷里，号称帐篷城等。事实上，古格所在的西藏阿里地区的可用土地主要以高原草场为主，畜牧业在阿里经济中占有重要的地位。从地理因素上来说，古格所在的西藏西部地区（阿里地区），号称“世界屋脊的屋脊”，平均海拔高度在4500米以上，是西藏自然环境最为恶劣的地区，大部分区域皆属荒漠高寒地带，岂止是不宜居，简直是人类生命活动的禁区。由于阿里地区海拔高，降水量小，年平均气温在0度左右，所以一般认为阿里主要从事的是牧业生产。[①]古格王国以象泉河流域为其统治的核心区，并将政治文化中心分置于河谷地带的“扎布让一托林”一线，并非随意为之。

从阿里地理的游牧大环境来说，象泉河流域是一个例外。这里处于喜马拉雅山脉和冈底斯山脉之间，跟阿里北部和东部的羌塘高原的高寒干燥、且日日狂风大作的荒凉比起来，象泉河水冲积形成的一块块谷地，却是一派生机盎然。这里气候条件较好，热量可满足一年一熟的青稞、小麦、豌豆等作物生长，河谷地带还有条件种植西红柿等瓜菜。[②]据统计，札达县2020年全县耕地面积11万亩，由于地理环境的恶化，历史上耕

① 王建林、陈崇凯：《西藏农牧史》，社会科学文献出版社，2014年，第9页。

② 中科院青藏高原科考队：《西藏自然地理》，科学出版社，1982年，第173—174页。

地面积可能会更大一些。可见此处一度也曾拥有发达的农业，以至于17世纪以前西方传教士认为这里是传说中土地肥沃之地。[1]但象泉河适宜农业发展的地理因素，只是古格以象泉河流域为其统治核心区的必备条件。换句话说象泉河流域的河谷农业区的存在，是古格将核心区选址于此的原因，但古格更倾向于农业区的立国方针，则又是另一回事了。如前揭的带有强烈的游牧政权性质的清代西藏地方政府在阿里地区设置的噶尔本政府，因为最初的统帅甘丹才旺是蒙古王子，其部下大多也是习惯了游牧生活的蒙古人，所以就没有延续古格以象泉河流域（森格藏布，藏文为“seng-ge gtsang-po”）为政治重心的做法，而是把噶尔本政府的统治重心选址到了更适宜游牧经济的狮泉河流域。

古格王室源出吐蕃王朝，早期吐蕃人崛起的经济基础正是河谷农业。历史上的吐蕃人以及今天的藏族，都自称“pod-pa”（“蕃巴”），其中“pod”的意思跟农业关系最为紧密。西藏历史上通常有三大经济区的分类，分别是高原草场适宜游牧经济的牧区，称为“vbrog”（音“卓”）；高山深谷、丛林茂密宜于从事林业的林区，称为“rong”（音“绒”）；以及主要从事农耕活动的农区，藏语就叫作“pod”。在藏文

① 伍昆明：《早期传教士进藏活动史》，第180页。

的历史文献以及现代西藏民间用语中，“pod”仍然是对农业区的一种叫法。[①]吐蕃王朝的龙兴之地雅隆河谷地区正是西藏最典型的河谷农业区，而且这里的地理环境跟阿里地区的象泉河流域极为相似。雅隆河流域的主体在今山南地区的乃东境内，跟象泉河横穿札达县，将古格核心区分为南北两部分一样，著名的雅鲁藏布江也横穿乃东全境，将乃东分割为南北两部分，在南部有雅鲁藏布江的支流雅隆河流过，形成了著名的雅隆河谷农业区。

发源于雅隆河谷的鹘提悉补野政权，其崛起的基础正是农业的发达。如公元1世纪前后的布德贡杰和六地列王时代，鹘提悉补野政权有着非常突出的农业成就。《贤者喜宴》记载，布德贡杰时代，吐蕃人学会了“钻木为孔，制作犁及牛轭；开垦土地，引溪水灌溉；犁地耦耕，垦草原平滩而为田亩……由耕种而得谷物即始于此时”。[②]紧接其后的六地列王时代，又发明了以双牛一日所耕土地面积作为计算耕地面积单位的方法，制作农具、开垦土地和进行水利建设，并且产生了农田丈量的需求。这些都是早期吐蕃人农业经济发达的表现，鹘提悉

① 参见恰白·次旦平措等著，陈庆英等译：《西藏通史——松石宝串》，西藏古籍出版社，2003年，第3—4页。

② 巴卧·祖拉陈瓦著，黄颢、周润年译注：《贤者喜宴·吐蕃史》，青海人民出版社，2017年，第19页。

补野政权能够在西藏众多的小邦中脱颖而出，与他们早期占据河谷地带、拥有发达的农业经济密切相关。另一方面，为了便于对河谷农业进行控制，早期吐蕃人在雅隆河谷东岸的山崖上修建了西藏历史上最早的城堡——雍布拉岗（yung-bu-bla-rgang），传说是吐蕃人的第一个赞普聂赤赞普所建，这里也成为吐蕃王朝的前身鹘提悉补野政权最早的王城所在地。从立国基础的政治空间结构来看，古格王国的成功，可以说是在象泉河流域"复制"了吐蕃王朝前身鹘提悉补野政权在雅隆河谷地带的成功道路。

根据藏文古籍的记载，西喜马拉雅地区的拉达克、桑噶尔、库奴、毕底等地皆是古格的前身阿里王朝的领地。《拉达克王统记》记载，阿里王朝的开创者吉德尼玛衮曾分封三子：长子贝吉衮的主要封地为阿里玛域（mar-yul），即拉达克，兼及东边的日土（ru-thogs），以及果列金矿（gser-kha vgog-las）的白曲角（lde-mchog）、仓（mtshams）地的红热瓦（ra-ba dmar-po），至旺列（wam-le）一线；西则至克什米尔山口，贝吉衮的封地后来形成拉达克王国。次子扎西衮受封古格与普兰，后来形成古格王国。而幼子德祖衮则领有桑噶尔三围（zangs-dkar sgo-gsum），包括毕底（spi-ti）和毕觉（spilcogs）等地。[1]不过《拉达克王统记》的说法并非经典藏文史籍的共识，如《汉藏史集》的说法与此就略有不同，书中讲到阿里三围的来历时写道："命长子贝吉衮统治玛域、努热，次子德祖衮统治象雄、吉觉、尼贡、如托（日土）、普兰、玛措等六个地方，幼子扎西尼玛衮统治迦尔夏、桑噶格（桑噶尔）。由此产生了'阿里三围'的名称。"[2]虽然细节的地名上略有不同，但仔细对比下可以发现：两说法中除了吉德尼玛衮三子的长幼顺序差别较大外，对于阿里王朝"地理单元"的划分倒是颇为一致，即三大地理单元中心分别是拉达克、古格和桑噶尔，反映了这三个地方在阿里三围中的核心地位。

古格的衰落，反映在地理上就是它对阿里三围的三大核心区的控制力越来越弱，最终只局限于古格一隅。早期古格王国应该是领有拉达克、桑噶尔等地，拉达克与古格同时因为分封而建国的传说，是值得重新审视的。从现存的史料来看，拉达克地区至少在吉德尼玛衮的孙子益西沃时代仍然隶属于以古格政权为正统的阿里王朝治下，可以说这时并不存在一个真正意义上的拉达克王国。从藏文古籍《阿里王统记》的记载来看，后来古格王国的第一代统治者扎西衮得到的封地包括了古格和普兰这两处阿里地区最富饶的地方，同时他还继承了吉德尼玛

---

① 《拉达克王统记》（藏文版），第42—43页。

② 达仓宗巴·班觉桑布著，陈庆英译：《汉藏史集》，第114页。

衮时代的军政中心——尼松堡，[①]可见他是以阿里王朝的最高统治者，即吐蕃赞普的身份君临三围的。此后在他的儿子益西沃复兴佛教的过程中，《阿里王统记》的一些记载也可以印证古格政权拥有号令整个阿里三围的权力：托林寺建成之后益西沃为了将佛教原则引入政治生活进行改制运动，曾召开过一次齐集高僧大德和贵戚重臣的会议。值得注意的是，这次会议的代表除了来自古格和普兰之外，还有人来自玛域。[②]这条材料表明益西沃不仅对玛域拉达克地区拥有管治之权，而且在有关阿里王朝的大政方针的决定上，拉达克方面也有派出代表参与议定国策的权利和义务。也就是说，这时的古格政府仍然是阿里王朝的延续，并不同于后世那种只是统治古格一隅之地的古格政权。益西沃晚年为了加快阿里佛教的发展和提升他的两个儿子在宗教界的实力，曾以行政手段使200名青年随同他的两个儿子出家修行，在《阿里王统记》的记载中这200名青年分别来自阿里地区的四个大区，即古格100人、普兰40人、玛域30人、毕底30人。[③]这个组成比例中古格政权直接控制的地区（古格和普兰）占了70%，但来自拉达克地区的青年仍占了15%，可见古格政权在拉达克地区确有调动一定社会资源的权

① 参见古格堪钦·阿旺扎巴：《阿里王统记》（藏文版），第51页。
② 《拉达克王统记》（藏文版），第54页。
③ 古格堪钦·阿旺扎巴：《阿里王统记》（藏文版），第59页。

力。而1024年左右益西沃的侄孙沃德更在拉达克的中心地区修建了著名的白图寺，表明古格直到11世纪前期在这一地区的控制力仍未衰退。

另一方面，与早期古格诸王的辉煌成就相比，早期拉达克诸王就失色得多，这一点颇为奇怪。在第一代君主贝吉衮之后，《拉达克王统记》仅仅列出了三代国王的名字，即拉钦卓衮、拉钦扎巴德、拉钦绛曲森巴。[①]这三代国王在拉达克的王朝史中没有任何事迹留下，对比起来卓衮为益西沃和柯热的同辈，扎巴德则与拉德同辈，绛曲森巴则与沃德等同辈。在此三代君主统治期间，古格正声势浩大地进行着一系列的佛教复兴运动和政治改革，而拉达克的诸位君主们在自己的史书上却无一事可记，也从另一个侧面证明了早期拉达克政权并不能独立自主地行使权力。尽管这三代国王在位期间没有任何事情被记录下来，但从他们的名字中仍能读出一些信息。这三代国王的名字中前两位都是世俗化的名字，而与沃德同辈的绛曲森巴的名字则是一个佛教名词，意为“菩萨”，这与古格佛教复兴的历程大体一致，而绛曲森巴这个名字同著名的拉喇嘛绛曲沃也十分相似。

拉达克从第五代君主拉钦杰布起才开始有了具体的历史

① 《拉达克王统记》(藏文版)，第43页。

故事，此时拉达克政权修建了第一座寺院——鲁吉寺，使拉达克有了第一批僧人。同时他在位时还资助过“雪山三湖”地区的修行僧人，当时这一地区的修行僧团已有相当的规模，最多时达五百人，最少时也有一百人。[①]拉钦杰布是《拉达克王统记》中第一位从事过具体事务的国王，但有意思的是他在史书上的名字却不是一个真正的“名字”，“拉钦杰布”只是一个尊称，相当于“圣上国王”。他除了修建了拉达克最早的寺院鲁吉寺之外，还跟“雪山三湖”地区的僧团有密切的关系。奇怪的是“雪山三湖”通常指的是普兰东部的神山圣湖地区，雪山即冈底斯山，三湖为玛旁雍措、拉昂错和公珠错。身在阿里最西部的拉达克地区的统治者却对阿里最东部的处于古格统治下的普兰地区的僧人提供资助，这似乎有点不太正常。考虑到拉钦杰布没有真正的名字，他又是最早在拉达克弘扬佛教的国王，同时他从辈分上看正好与泽德同辈，由于益西沃和柯热是兄终弟及的继承方式，拉钦杰布的统治年代很可能跟沃德时代相同。而沃德正好在拉达克修建过白图寺，作为古格国王他要资助神山圣湖地区的僧团也很容易，这个著名的但又没有名字的拉达克国王拉钦杰布很可能是后期拉达克史家改造沃德的事

① 《拉达克王统记》(藏文版)，第43页。

迹后形成的。[①]

从行事上看如果拉钦杰布与沃德只有几分相似的话，那他的儿子拉钦乌巴拉的故事则与沃德的儿子、著名的古格国王泽德极其相似了。《拉达克王统记》记载拉钦乌巴拉调动拉达克上下两部的军队进攻浓迪（nyung-ti，即库奴），浓迪战败后被迫订立和约，浓迪国王发誓直到冈底斯山的积雪融化、玛旁雍错的湖水干涸，永远向拉达克进献贡赋；此外，拉钦乌巴拉还将洛哦至普兰以下，南到切桑之地和曲拉墨巴以内，西至热坎郑新、达库以内，北到嘎徐以外的地方纳入治下，使其年年入贡，岁岁来朝。[②]照此记载看来，当时拉达克似乎成为西部地区的一个军事强国，以至于伯戴克先生不得不感叹拉达克居然可以在这一时期的西喜马拉雅地区建立起短暂的霸权。[③]

不过事实上乌巴拉在军事上的成就跟他的名字一样让人难以理解。位于阿里西北部的拉达克政权竟然可以将势力扩展到阿里东南部的洛哦和普兰，这一战功对拉达克来说似乎太大而大为可疑，更重要的是他的军事成就同《阿里王统记》中泽德的伟大业绩又有太多的重合之处。泽德最初在嘉地打败格萨

---

① 伯戴克对拉钦杰布的名字也感到奇怪，并猜想他和沃德很可能为同时代的人，不过他没有怀疑此王存在的真实性。参见Luciano Petech, *The Kingdom of Ladakh C.950-1842 A.D.*, p.18。

② 《拉达克王统记》（藏文版），第43页。

③ Luciano Petech, *The Kingdom of Ladakh C.950-1842 A.D.*, p.18.

尔，显示出古格当时拥有巨大的军事能量，而嘉地恰恰是在拉达克境内。此后泽德东征西讨将一个十分广大的区域纳入治下，而这个区域的疆界同《拉达克王统记》里记载的乌巴拉的统治区域竟然十分相似，尤其是在南方，《阿里王统记》的记载为：

> 南至切桑之地、亚泽曲拉墨巴及纯铁之柱等九地，植蕃树之有荆棘者七，止于热坎郑新、冲都巴热及克什米尔泽登。①

在这个边界对比中，二者竟然有三个地名完全相同，即切桑之地、曲拉墨巴和热坎郑新。通过对比乌巴拉和泽德的故事可以发现，乌巴拉的故事跟其父拉钦杰布的故事一样，极有可能是脱胎于古格国王的事迹。如果说拉钦杰布与沃德的相似还只是偶然的巧合的话，那么其子乌巴拉同泽德的相同又紧接其后且如此不谋而合，就值得深思了。在早期阿里史料稀少得屈指可数的记载中，拉达克的两代君主与古格的两代君主如此相似绝不可能是了不相关的两种历史书写。事实上《阿里王统记》的成书比《拉达克王统记》要早好几个世纪，《拉达克王统记》

---

① 古格堪钦·阿旺扎巴：《阿里王统记》（藏文版），第73页。

对从贝吉衮到绛曲森巴的四代早期国王的无事可记也表明拉达克早期的历史记忆疑点重重。因此，拉钦杰布和乌巴拉的故事极有可能是后来的拉达克人结合古格的历史编造出来的，有理由相信拉达克真正从阿里王朝中分立出来绝不会是在所谓的吉德尼玛衮分封三子之后。古格王国早期，至少在11世纪末以前，拉达克应该仍是古格王国的一部分。

此外，《阿里王统记》的记载也表明，在古格王国早期拉达克的核心区仍然在古格的直接控制之下。史料记载，阳水猪年（1083年），古格国王泽德率军向北方高原地区挺进。这时北部地区已被号称“格萨尔”（ge-sar）的敌对势力占领，古格大军最后在嘉（rgya）地的让塘（ram-thang）将敌军主力击溃。古格大军继续前进，在羌果拉（chang-go-la）与敌军使者达成和议。[①]《拉达克王统记》记载，在吉德尼玛衮初到阿里之时，上部拉达克地区是由“格萨尔的后裔”所统治，而下部拉达克则是四分五裂的状态。[②]维他利认为，在吉德尼玛衮征服拉达克之前，统治拉达克的王国即是“嘉”，而其首领的称号即为“格萨尔”。[③]双方议和的地点——羌果拉，即著名的

---

① 古格堪钦·阿旺扎巴：《阿里王统记》（藏文版），第72—73页。

② 《拉达克王统记》（藏文版），第42页。

③ Roberto Vitali, *The Kingdoms of Gu.ge Pu.hrang*, Indraprastha Press, New Delhi, 1996, pp.324–325.

羌拉（chang–la）山口。山口海拔约5400米，是列城前往什约克河谷（Shyok）的重要通道，向北可到于阗和叶尔羌，向东可经班公湖到日土，战略地位非常重要。近代森巴战争期间，道格拉军队即是翻过羌拉山口攻入日土的。①这场战役表明，拉达克的核心区和战略要地都是古格军队保卫边疆的重要内容，可见此时的拉达克，即便有吉德尼玛衮的子孙在统治，也并非是独立于古格而存在的一个“王国”。

此前的古格国王也有许多在拉达克核心区建功立业的事迹，如11世纪早期的古格国王沃德。据藏文古籍《太阳王系》记载，沃德在1021年主持扩建了拉达克的聂玛寺（nyar–ma）。聂玛位于狮泉河的东岸，沿狮泉河北行约20公里即是拉达克的首府列城，往北约2公里，即是拉达克最著名的提克西寺（Thiksay）的所在地，这里可以说是拉达克核心区的核心地带了。1024年，沃德又修建了拉达克的白图寺（dpe–dug），且主持了僧团的建立，负责殿堂和佛塔的附属工程的建设，并且给寺院献上了土地和人民作为供养。②这些行动表明，沃德时代古格王国的领导层在拉达克的核心区不但可以兴建寺院，

① 参见F.A. Peter, “Glossary of Place Names in Western Tibet”, *The Tibet Journal*, Vol. 2, No. 2（Summer 1977）, p.8。

② 参见古格班智达扎巴尖参著：《太阳王系和月亮王系》（藏文版），第152页。

也拥有对当地的土地和人民的支配权，一个独立自主的拉达克王国显然并不存在。

从自然地理的角度来看，古格的周边主要可以分为两大地理单元。一是象泉河流域在喜马拉雅山脉的西侧区域，包括今天印度喜马偕尔邦的金瑙尔（Kinnaur）地区、斯丕提地区（Spiti）和库奴（Kullu）地区。这些地区虽然与古格在地理上有高大的喜马拉雅山脉相阻，但这里有象泉河形成的各个河谷地带，以及象泉河的各个支流形成的大大小小的谷地。这一地区与古格腹地同属象泉河流域，且喜马拉雅山脉在其间也有一些相对较低的山口，使得双方之间的交通还是相对顺畅的。通过象泉河及其支流，金瑙尔、斯丕提和库奴等地与古格的核心区彼此之间可以做到无缝衔接。而西喜马拉雅地区的另外一个地理单元，即拉达克、桑噶尔等地，则与金瑙尔、斯丕提和库奴等地有着相当大的不同。虽然拉达克、桑噶尔的地理特点也是散点式的河谷农业区，但与古格核心区并非属于同一流域。拉达克、桑噶尔皆属狮泉河流域，而狮泉河流域的上游地区，即今天阿里地区的噶尔县一带，是平均海拔在4500米以上的高原草场和荒原，是典型的牧区。古格的河谷农业模式很难成功复制到这里，再加上象泉河流域和狮泉河流域的上游地区中间还横隔着阿依拉日居山脉，因此古格对狮泉河流域上游地区的控制就相当薄弱了。虽然狮泉河流域在拉达克、桑噶尔等地拥有较好的河谷农业开发优势，这一点跟金瑙尔、斯丕提和库奴等地一样，但拉达克、桑噶尔等地不但处于喜马拉雅山脉的西侧，而且中间又隔着狮泉河上游的一大片游牧区，这使得古格要有效统治拉达克、桑噶尔等地的成本比统治金瑙尔、斯丕提和库奴等地的成本要大得多，古格想要长期控制拉达克、桑噶尔等地的难度也要大得多。这决定了拉达克、桑噶尔这一地理单元从古格分立出来是有一定的地缘政治必然性的。

第二章　古格的外患

1630年古格的灭亡，是拉达克军队以武力征服古格的结果，尽管这个征服过程中拉达克所表现出来的武力还远称不上强大。但从表面上看，拉达克是灭亡古格的主要力量，古格亡国最大的获利者也是拉达克。但是按照西藏政治的历史传统，拉达克是最不可能灭亡古格的政治力量。因为两者不但系出同源，都是吐蕃王朝的继承者，更是在长达数百年的斗争与共存中形成了一套共同遵循的政治文化传统。拉达克为什么会成为古格的终结者？当然在古格亡国的过程中，不只有拉达克一个对手。古格亡国前，除了与拉达克处于长期的敌对状态以外，与不丹的主巴噶举派的关系也十分紧张。1628年不丹的主巴派武装僧团曾经袭扰古格边境，双方发生激烈的冲突，而在此前，拉达克的主巴派与古格的关系也日益恶化。事实上，古格的灭亡，是西藏社会政教关系全面恶化的一个缩影。古格亡国前的几十年中，西藏社会的政教关系发生了怎样的转变？

第一节　相爱相杀的拉达克

拉达克灭亡古格的过程，颇为“胜之不武”。按照耶稣会传教士的报告和信件中的说法，1630年，拉达克军队在围困扎布让的古格王城之后，由于王城依托扎布让的山崖峭壁而建，是一座相当易守难攻并适宜长期坚守的城堡，拉达克军队一度受挫于坚城之下，围攻了王城一个月却毫无进展。围城部队因为冬季即将来临，畏于古格的严寒，不得不退兵。这时古格内部的僧侣贵族集团积极促成了双方议和，古格国王答应开城纳贡，拉达克在得到贡品、确认古格的臣服后撤兵。古格国王最终答应了这一和平协议，离开山顶的王宫城堡，走出来向拉达克敬献贡品。结果国王下山出城后，立即被拉达克军队抓获囚禁起来，押送到拉达克的首府列城关押。失去国王之后的古格军队在坚持抵抗了一会儿之后就迅速崩溃，最终古格全境都被拉达克占领。[①]1631年被安夺德派往古格的耶稣会传教士阿维则多对古格国王弃城外出的行为非常不解，他认为古格国

① ［意］托斯卡诺著，伍昆明、区易炳译：《魂牵雪域——西藏最早的天主教传教会》，第332—333页。

王应该依靠坚固的王宫城堡坚持抵抗，在完全可以做到长期坚守的情况下，不应该主动放弃抵抗，去跟拉达克人议和，更不应该答应拉达克的要求离开王宫城堡去交纳贡品，以致中了拉达克人的圈套。[①]显然，拉达克对古格并不具备碾压性的军事优势，拉达克的胜利采用的是相当不光彩的卑鄙伎俩，连阿维则多都直斥拉达克先诱和然后背约的行为是“背信弃义”。因此，古格的亡国具有一定的偶然性，不过比替古格惋惜更有意思的是，古格国王为什么会在两军相持不下之际搞出如此奇怪的“迷之操作”呢？

拉达克是蓄谋已久吗？

关于古格亡国过程中拉达克所扮演的角色，首先需要澄清一个问题。现存史料关于古格亡国详细过程的描述，只有耶稣会传教士的信件和报告。在这些信件和报告中，传教士们有意无意地暗示拉达克与古格长期不和，双方大有“世仇”的味道，其中最具传奇性的故事是双方交恶的过程中“结亲不成反结仇”的经典桥段。这个故事还是出自安夺德1633年2月14日写给罗马耶稣会总会的那封信，信中绘声绘色地描述：

---

① 伍昆明：《早期传教士进藏活动史》，第230—231页。

长期以来，剧烈的争吵一直存在于古格和拉达克之间。十八年前，古格国王有一个儿子降生，这个儿子就是古格王位的继承人。但是王子诞生之际，王后却得了失心疯，自那以后，一直凤体违和。当两年之后，所有医治她的努力都被证明是徒劳，国王决定缔结一段新的婚约，尽管藏传佛教是不允许重婚的。新娘是拉达克国王的姐姐。这份婚约是找中间人去说合的，但是古格的新王后去跟她丈夫成亲的路上，在离扎布让只有两天路程的时候，古格国王突然下令不准她再往前走，并且敕命她返回拉达克。安夺德完全不知道古格国王的动机是什么，但是他很肯定，这次事件是古格亡国的主要原因。因为拉达克立即发动了战争，这场战争断断续续持续了十八年，使得古格的农业和矿业生产都无法进行，古格渐渐陷入了贫困之中。①

伯戴克猜测这位“不幸”的拉达克公主可能是拉达克国王森格南杰的姐姐诺增旺姆（nor-vdzin dbang-mo）。安夺德的这封信写于1633年，上推18年的话，古格与拉达克这次失败

① C. Wessels, *Early Jesuit Travellers in Central Asia 1603-1721*, pp.75–76.

的联姻应该发生于1615年。在此后的几年中，拉达克与古格虽然因为关系恶化而处于交战状态，但双方之间的战争绝不是一种“灭国”式的长期大战。安夺德的这一描述，大大增加了古格亡国的戏剧性，但可能夸大了局势的严重性。关于这一点，伯戴克的理解是比较符合情理的，他在书中写道：“当然，我们不应将这场冲突视为一场真正的战争，而应看作是一种持久的紧张局势，伴随着被或多或少的持续停战所打断的军事行动。”①事实上，双方紧张状态导致的边境上断断续续的冲突，并没有给古格带来“灭国”的压力，这时的古格人绝不会觉得自己已经到了亡国的前夜。因为所谓的双方“开战”3年后的1618年，古格举国上下还精心安排了四世班禅的到访，古格人都忙于对班禅大师的隆重接待。班禅驻锡古格期间，拉达克王室和僧俗大众也都有人来古格参拜班禅，并邀请班禅前去列城访问。②在四世班禅到访古格的经历中，完全看不出来拉达克与古格之间正在“生死相拼”。而且如果真如安夺德所说的因为长期的、激烈的战争造成古格陷于贫困的话，古格王室应该也负担不起迎请班禅前来的花费，要知道迎请像班禅大师

① Luciano Petech, *The Kingdom of Ladakh C.950-1842 A.D.*,p.42；［意］毕达克著，沈卫荣译：《拉达克王国史（950—1842）》，第42页。

② 关于四世班禅到访古格的情况，参见罗桑益喜编著：《第四世班禅传》（藏文版），第113—114页。

这种级别的高僧前来传法，是很花钱的！

在这里，特别需要提醒读者注意的是，安夺德的这一说法，还把拉达克参与古格内乱并以武力灭亡古格的历史定性为一个理所当然的报复过程，而且把古格灭亡的主要原因归结于古格国王与拉达克国王之间的私仇上。但因为联姻失败而反目成仇的故事，其实反倒反映了拉达克与古格并非“世仇”，而是“世亲”。由于双方同出于吉德尼玛衮开创的阿里王系，又毗邻而居，在政治地理上有着非常紧密的关系，古格国王试图迎娶一位拉达克的“公主”表明双方在此前一直关系良好。事实上，古格与拉达克本就有互相联姻的传统，历史上与古格联姻最著名的拉达克公主名叫“赤坚”（khri-lcam），她是15世纪在位的古格国王南喀旺波彭措德（nam-mkhavi dbang-po phun-tshogs-lde）的王后（rgyal-mo）。《阿里王统记》记载，南喀旺波彭措德生于土牛年（1409年），十六岁时（即1424年）迎娶了玛域公主（mar-yul gi rgyal-mo），是为古格的赤坚王后（khri-lcam rgyal-mo）。赤坚王后积极参与了古格的政教事务，她参与了神变大法会（chos-vphrul chen-mo），敬献了用缎幡制作的千佛唐卡等众多的供养。[①]赤坚王后还注意到了新兴的格鲁派的崛起，积极与当时格鲁派的上层领袖结

① 古格堪钦·阿旺扎巴：《阿里王统记》（藏文版），第84页。

交。克珠杰（后来追认的一世班禅）的文集中显示赤坚王后与克珠杰相互致信问候，克珠杰称她为“古格王后赤坚王后”（gu-gevi bdag-mo khri-lcam rgyal-mo）。[①]

其实只要不被安夺德的描述误导，仔细思考一下的话，可以肯定地说，拉达克灭亡古格完全是临时起意，绝非蓄谋已久、处心积虑。按照安夺德等人的报告，古格的亡国之战，并不是拉达克方面主动发起的，拉达克是在发动暴乱的古格僧侣贵族集团引导下卷入这场战争的。1633年2月14日安夺德写给耶稣会总会的信件中是这么说的：“他们（喇嘛们）鼓动了许多人背叛国王，不少人联合起来组织无耻的行动，通知拉达克国王赶紧过来，并且说他可以不带许多人马，也无需战斗，就可以进入王国的大门，因为人民的大多数都同他们站在一起。”[②]可见古格僧侣贵族集团发动暴乱之后，立即派人通知了拉达克国王，让拉达克方面出兵古格。为了说动拉达克参战，古格僧侣贵族集团甚至建议拉达克不必派出大军，只需要带少量的部队，快速奔袭即可。因为他们相信在古格僧人的宣传鼓动下，古格人民会支持拉达克的军事干预行动。

古格出现暴乱，事起突然，拉达克方面事先可能并没有做

---

① 格勒贝桑编：《克珠杰文集》（藏文版），扎什伦布寺木刻版，新德里，1983年，ta函，第328—331页。

② 伍昆明：《早期传教士进藏活动史》，第227—228页。

好战争准备。需要特别说明的是，拉达克事实上并无常备军，军队都是临时拼凑的，直到近代拉达克的军事体制仍然是古老的临时征兵制，即全民皆兵、临时征集。据近代拉达克亡国前后在英属印度殖民当局服务的亚历山大·坎宁安（Alexander Cunningham）的调查，拉达克没有正规军，战时则由普通民户每户出一兵，且自备武器装备；贵族家庭则按其等级高低提供数量不等的兵源，从噶伦（首相）、伦波（大臣）到头人，最多的要出十名士兵，最少的也要出四名士兵。拉达克的士兵分为两类：骑兵（rtavi-dpung）和步兵（rkang-thang gi dpung），在征集士兵的过程中，士兵所在家庭能提供马匹的编组为骑兵，不能提供马匹的则编组为步兵。士兵们不但要自己配备武器，连后勤给养也需要自己准备。因此在战时，每户人家除了要出一人当兵外，还往往要派出另外一个人给这个士兵提供各种后勤保障服务，如平时行军的过程中由这个后勤保障人员携带两人的食物。如果士兵在战场上受伤或战死的话，这个后勤保障人员可以接替士兵继续作战，这样即使士兵战死，也可以有人及时继承他的家庭所提供的武器装备和后勤物资，使家庭财产的损失最小化。每次征集士兵组建部队时，会委任王室成员或高级贵族担任这支部队的指挥官——马本（dmag-dpon）或马果（dmag-vgo）。拉达克军队的军官都是贵族，根据其实力大小的不同，授予不同的军职，一般而言：噶伦级的贵族可以征集到几百人，会被授予东本（stong-dpon，意为“千夫长”）职衔；比较有实力的头人如果可以征集50—100名士兵，就被授予甲本（brgya-pdon，“百夫长”）之职；没有什么实力的头人可能只能征集到4—5名士兵，就只能担任局本（bcu-dpon，“十夫长”）了。[①]

在某种程度上，拉达克的军事体制在形式上继承了吐蕃王朝寓兵于民的旧制，《新唐书》描述吐蕃王朝的军事体制时说：“（吐蕃）出师必发豪室，皆以奴从，平居散处耕牧。”藏文史籍《贤者喜宴》详细描述了吐蕃的军事体制，记载了吐蕃时代在吐蕃本土设置了61个东岱（“stong-sde”，字面意思即千户）作为最基本的军政单位。东岱的长官即是东本，其下有小东本（stong-cung）、五百夫长（lnga-brgya chen-po）、甲本等。为保证稳定的优质兵源，吐蕃王朝将全体属民划分为“桂”（rgod）和“庸”（gyung）两种类型，桂部的属民平时从事生产，战时则被征集起来当兵打仗，而庸部则负责后勤保障等杂役。[②]吐蕃寓兵于民、全民皆兵，人口基数大，同时有桂庸制的设计，使得其战斗人员和后勤保障人员能够各司其

① A. Cunningham, *Ladak: Physical, Statistical and Historical,* London,1854, pp.275-278.

② 参见巴卧·祖拉陈瓦著，黄颢、周润年译注：《贤者喜宴——吐蕃史译注》，中央民族大学出版社，2010年，第33、40页。

职，吐蕃军队的战斗力在当时是相当强大的。拉达克的军事体制虽然继承了吐蕃军制的一些名目，但一方面人口基数少，另一方面缺乏像桂庸制那样的优化机制，战斗人员和后勤保障人员同出一家，加重了人民的负担，使得拉达克军队在质量上和数量上都与吐蕃不可同日而语。

可以说，按拉达克的军事体制，要打一场大仗是需要花上一段时间来进行军事动员的。因此，当古格突然发生暴乱之后，拉达克的临时征兵体制是很难在短期内组建一支真正的“大军”开赴古格的。这也就是为什么古格僧侣贵族集团劝说拉达克国王出兵时要强调，此次作战拉达克不必派出大军参战，只需出动少量人马配合古格国内的暴乱分子就能取得胜利的原因。这也就可以解释为什么拉达克军队在围攻王城之时会被困于坚城之下，因为这支临时征集的小股部队，是无法攻坚打硬仗的。由于拉达克的军制特点，使得我们可以看到1630年拉达克出兵古格在军事上的准备并不充分，这也从侧面说明了拉达克对古格采取军事行动有很大的偶然性。

古格国王为什么会放弃抵抗?

按照传教士的说法，尽管胜之不武，但本质上，古格的灭亡，仍是拉达克军队以武力征服的结果。从表面上看拉达克是灭亡古格的主要力量，古格亡国最大的获利者也是拉达克。但是按照西藏政治的历史传统，拉达克是最不可能灭亡古格的政治力量。因为两者不但系出同源，都是吐蕃王朝的继承者，更是在长达数百年的斗争与共存中形成了一套共同遵循的政治文化传统。古格与拉达克之间有着基本的政治互信，这是古格末代国王最终做出严重误判的前提。放眼17世纪初，西藏政治舞台上主要活跃着三种类型的军政实体：一是在吐蕃王朝崩溃后，由吐蕃赞普后裔在各地建立的地方割据政权，可称之为“吐蕃赞普后裔政权”；二是由卫藏的地方豪族中的实力派建立的地方割据势力，可称之为“地方豪族政权”；三是依托藏传佛教某一教派发展出来的政教联合体，可称之为“教派政权”。而古格和拉达克就同属第一类，两者都是吐蕃赞普的后裔建立的地方割据政权，而且双方的开国之君都是阿里王系的开创者吉德尼玛衮的儿子。所以在17世纪西藏众多的地方政权中，由拉达克来结束古格，是最让人意想到不到的结局。

吐蕃赞普后裔政权是吐蕃王朝崩溃之后，吐蕃王室后裔建立的地方割据政权。842年吐蕃王朝的末代赞普朗达玛·乌冬赞[①]死后，因为两位王子沃松和云丹的争位斗争引发内乱，导致统一的吐蕃王朝在青藏高原的统治崩溃。此后，王室后裔分治各地：云丹的儿子赤德衮年有二子，长子日巴衮一系据有山南的雅隆河谷地区，次子尼玛衮一系主要占据止贡、澎域（今林周县）等地，其后裔意希坚赞占据桑耶寺一带，是后弘期初期的下路弘法的重要力量。沃松一系本来据有山南一带，但其子贝柯赞死于叛乱后，山南地区渐为云丹的后裔占据，贝柯赞的两个儿子都往边地发展。长子赤扎西孜巴贝一支发展出所谓的“下部三德”，其中最有影响力的是形成“贡塘王国”，以及主政恰萨（墨竹工卡一带）的雅隆觉卧王系。次子吉德尼玛衮西进象雄故地，形成阿里王系，该王系影响力最大的是拉达克王系、古格王系和亚泽王系。[②]

赞普后裔政权，经过几百年的发展，到1630年古格亡国之际仍然活跃在西藏政治舞台上的，已经不多了。值得一提的是，古格并不是这一时期唯一一个被“灭国”的吐蕃赞普后裔

① 关于吐蕃王朝末代赞普的名字，汉文史籍《资治通鉴》《新唐书》《旧唐书》称为“达磨”，后弘期以来的藏文史籍多称其为带有贬义色彩的“朗达玛”（glang-dar-ma），近代以来发现的敦煌吐蕃藏文文书则记录了他的本名“乌冬赞”（vuvi-dum-brtan）。参见林冠群：《唐代吐蕃史研究》第三篇第一章第二节《朗达玛身份与名号辨疑》，联经出版事业股份有限公司，2011年，第346—350页。

② 陈庆英、张亚莎主编：《西藏通史·宋代卷》，中国藏学出版社，2016年，第14—22页。

政权。1619年，割据后藏吉隆一带数百年的贡塘王国被第悉藏巴政权攻灭。当年，末代贡塘国王赤杰索南旺秋德（khri rgyal bsod-rnam dbang-phyug-lde）跟末代的古格国王一样，在第悉藏巴政权的大军围攻宗噶后，失去了坚持抵抗的战斗意志，主动献城归降。赤杰索南旺秋德投降后，也被迁离贡塘，第悉藏巴汗噶玛彭措南杰将其送往协噶尔软禁起来，赤杰索南旺秋德随后于次年（1620年）病逝。跟古格历史一样悠久的贡塘王国自此终结。贡塘王国的灭亡，与古格有很多相似的地方，除了围城之际末代国王放弃抵抗外，也是内因大于外因。虽然当时统治后藏的第悉藏巴政权在噶玛彭措南杰的带领下发展迅速，实力蒸蒸日上，但第悉藏巴政权之所以出兵贡塘，也是因为贡塘王国末年内部动荡不断、贡塘王室对吉隆地区的贵族势力失控所致。当时贡塘国内的江巴、霞巴、绒巴三地联合发动叛乱，由于内乱才招致了外患。[①]有意思的是，十年后古格灭亡之时又重现了这样的情景。

不过像贡塘王国那样被“攻灭”的吐蕃赞普后裔政权并不多见，因为他们毕竟具有赞普后裔的特殊身份，在西藏社会具有天然的神圣性。西藏的各种政教势力一般对赞普后裔是非常尊崇的，对赞普后裔政权动武并不符合西藏政治的传统。赞普

① 参见噶托·仁增才旺罗布：《贡塘王系——水晶明镜》（藏文版），《西藏史籍五部》，西藏藏文古籍出版社，1990年，第143—145页。

后裔政权最大的威胁不是被外部势力所吞并，而是王室内部不断地分裂和分化。吐蕃王朝的崩溃就是因为王室内部的斗争和分化，事实上吐蕃王朝崩溃后王室后裔在西藏各地建立的大多数地方割据政权也逃脱不了这一宿命。王室的分裂和分治从吐蕃王朝崩溃以后，不断加剧，并且越来越碎片化。以贝柯赞一系（拉达克、古格、贡塘三大王统都是贝柯赞的后裔）为例，该系在贝柯赞死后无法再在卫藏地区立足，不得不远走边地发展。次子吉德尼玛衮去了阿里，但吉德尼玛衮死后又进一步分化成所谓的“上部三衮”，长子赤扎西孜巴贝去了拉堆，后来又进一步分化成所谓的“下部三德”。

我们可以用《贤者喜宴》所载“下部三德”的情况为例，来体会一下王室的这种不断分化与分治的特点。书中叙述赤扎长子贝德一系占据贡塘等地，发展出贡塘王国；幼子吉德的第五子去了北方，成为“叶如及如拉之赞普”；次子约德有四子，分布在藏容、努域和娘堆等地，其中次子赤德去了多康，三子尼雅德之后裔，即叶如之吉卡赞普，四子赤琼前往雅隆，属民建宫堡以献，遂掌执邦孜宫及青昂达孜堡。其后又分出所谓的“臧擦六兄弟”，又分出了许多的赞普，如昌珠、青及恰等地之赞普，雅达之诸赞普，邦孜地区护持王政者，其间分支简直如乱麻一般。[①]而其他卫藏地区的王系分化也大体如此。

由于吐蕃王朝的崩溃持续了很长的时间，10—12世纪期间，大量的赞普后裔在西藏各地发展出众多的王系。但随着时间的推移，各王系内部不断地分化，到后来能够稳定地在某一个较大的区域长期施行统治的赞普后裔政权并不多。事实上，后来西藏各地的僧俗贵族势力在崛起和扩张的过程中，一般也并不会把地盘小、人口少、实力弱但政治声望高的赞普后裔政权列为兼并的对象。如割据山南曲松的拉嘉里（lha-rgya-ri）政权，源出于著名的吐蕃赞普后裔政权雅隆觉阿王系。该王系在10世纪时曾一度据有今山南的曲松、桑日、加查、隆子等地，但王系不断分化，各支王裔所占地盘越来越小。13世纪前后，拉嘉里王系的始祖囊索·达麦巴（nang-so mdav-smad-pa）在曲松的艾堆（Ae-stod）创立拉嘉里王府，其后裔逐渐发展成为管治嘉日宗、日格扎西曲宗、沃卡达孜宗的地方首领。但相比于雅隆觉阿王系最初的势力范围，拉嘉里地方首领所控制的土地和人口都大大缩小，只领有拉嘉里王府周围方圆300多里的地盘，属民有2000多户，人口不超过万人。[②]

---

① 巴卧·祖拉陈瓦著，黄颢、周润年译注：《贤者喜宴·吐蕃史》，第569—570页。

② 参见喜饶尼玛、王维强主编：《西藏通史》（清代卷下），中国藏学出版社，2016年，第685页。

与实力雄厚，成为一方霸主的拉达克和古格不同，拉嘉里的地方首领虽然因为赞普后裔的身份而拥有较高的政治地位，但他的实力远远“配”不上他的地位。拉嘉里称号中的“拉”，是对其赞普后裔身份的标识，西藏各方政治势力都承认他是“光明天的后裔”（vod-gsal lha-rigs）和吐蕃天子（pod lha-sras）后裔，故而拥有吐蕃王室成员才可以使用的“拉”的称号。但拉嘉里地方首领的头衔比拉达克、古格以及贡塘的首领要低很多，拉嘉里地方首领从来都没有自称或被卫藏各方政治势力称为“国王”，而是使用普通的地方首领的称号。拉达克、古格、贡塘的首领都拥有各种形式的国王称号，且在早期经常自称“赞普”。早期拉嘉里首领的常见称号是“第巴”（sde-pa，字面意思是地方首领），后期经常被叫作“赤钦”（khri-chen，字面意思是首座）。此外还有“拉恰日巴”（lha bya-ri-pa）、“格热拉巴”（gye-re-lha-pa）、“嘉日萨迥”（rgya-ri sa-skyong）等，有时也被赞誉为“杰琛”（rgyal-phran，即吐蕃王朝时代隶属于赞普之下的“小王”）或“法王”（chos-rgyal），但却没有后世所谓的任何一种“国王”的称号，如“rgyal-po”“mngav-bdag”“bdag-po”等。[1]因此，14世纪帕木竹巴地方政权崛起之时，兼并和收服了卫藏的许多地方势力，卫藏各地方首领在臣服以后也大多接受了帕竹第悉的册封。但帕竹第悉却唯独没有册封过拉嘉里的地方首领，即是因为拉嘉里的地方首领源出吐蕃赞普之后，政治地位远高于地方豪族出身的帕竹第悉。加之拉嘉里所属地盘和人口不多，反倒能够在西藏各大势力的此起彼伏中稳如磐石。[2]

古格亡国之时，拉嘉里的地方首领是洛桑吐多却杰（blo-bzang mthu-stobs chos-rgyal），他在位期间拉嘉里其实也面临着跟古格一样的存亡危机。当时第悉藏巴政权崛起，在统一后藏后积极向前藏扩张，洛桑吐多却杰大力支持格鲁派，积极与格鲁派上层集团结交，特别是在1631年，即古格灭亡的次年，迎请五世达赖喇嘛前来拉嘉里。五世达赖一行抵达鲁康渡口时，洛桑吐多却杰率僚属出城相迎，五世达赖喇嘛在自传中描述了与洛桑吐多却杰相见的场景，“夏仲的红黄锦衣楚楚摇曳，众仲科戴着玉耳环，按照藏人习俗盛装打扮，大有古代藏

---

① 参见Joachim Karsten, “Some Notes On The House of Lha rGya-ri”, Michael Aris and Aung San Suu Kyi eds, *Tibetan Studies in Honour of Hugh Richardson. Proceedings of the International Seminar on Tibetan Studies*（Oxford 1979）, Ltd: Warminster, England, 1980, p.163。

② 参见五世达赖喇嘛著，刘立千译注：《西藏王臣记》，民族出版社，2000年，第122—123页。

王出行的优良遗风，仪态十分庄重”。其后五世达赖一行进抵拉嘉里，五世达赖在自传中特别记载了他在拉嘉里期间得到的优渥待遇：“拉嘉里官府向我们敬献了财物、优礼接待，二十多天从未间断。尔后又请我们到城堡内，殷勤招待，厚予馈赠。”[①]此时格鲁派正受到第悉藏巴政权的压制，五世达赖一行对在拉嘉里受到的优礼非常感激。此后格鲁派邀请固始汗进藏与第悉藏巴政权决战期间，拉嘉里王府献出自己的资财给格鲁派，为固始汗的军队提供了粮饷，坚决站在了格鲁派一边。由于这次“站队”非常成功，加之拉嘉里王府自根敦嘉措起，就跟格鲁派，特别是达赖系领导层建立起非常密切的关系，而其本身的吐蕃赞普后裔身份又拥有较高的政治地位，使得拉嘉里家族成为甘丹颇章政权时期五大第本家族之一。但他的实力和政治影响力其实都不高，与其他四家第本家族长期占据甘丹颇章政府的高位不同，拉嘉里家族在甘丹颇章政府虽然“位高”，但却“权轻”。除了拉嘉里的地方首领赤钦以外，拉嘉里家族中从未有人在甘丹颇章政府中担任过高级官职。不过，拉嘉里政权一直存续到20世纪50年代，可以说是坚持时间最长

---

① 五世达赖喇嘛阿旺洛桑嘉措著，陈庆英、马连龙、马林译：《五世达赖喇嘛传》（上），中国藏学出版社，2006年，第79—81页。

的吐蕃赞普后裔政权。[①]

和拉嘉里王府的这种走“位高权轻”的道路不同，古格、拉达克、贡塘等吐蕃赞普后裔政权不但统治的地盘大、人口多，其政治地位、军政实力和政教声望都能在整个西藏产生较大的影响。但由于1619年贡塘王国覆灭，到1630年，古格和拉达克可以说是硕果仅存的两个具有较强实力和较大政治影响力的吐蕃赞普后裔政权了。而且两国还同源于阿里王系，双方的开国之君贝吉衮（拉达克）和扎西衮（古格）还是亲兄弟。因此双方是真正的“同气连枝”，古格与拉达克本应是天然的同盟。

拉达克和古格都拥有吐蕃王朝后裔政权的历史政治认同，这一点在古格和拉达克自己的历史叙事方式中特别明显。作为地方王朝史，《阿里王统记》和《拉达克王统记》的主题乃是记载本地政权的历史。但是二书都在讲述自己的历史之前，花费了很多的笔墨记述吐蕃王朝的历史：这部分内容《阿里王统记》有33页，其篇幅占了全书的40%；在《拉达克王统记》中，吐蕃王朝的历史有26页，也占了全书将近25%的内容。由

---

① 关于拉嘉里历史赤钦的世系情况，参见郭查·索南朵杰（ko-tsha bsod-nams stobs-rgyal）：《拉嘉里史集》（藏文题名为“lha-rgya-rivi lo-rgyus phyogs-bsgrigs”），《西藏文史资料选辑·第7辑》（藏文版），四川民族出版社，2009年，第278—299页。

于记载吐蕃王朝的藏文史籍相当丰富，因此二书的吐蕃王朝史部分写得相对简略，并无特别突出的史料价值。虽然拉达克和古格方面叙述的吐蕃史跟经典藏文史籍的说法大多相同，但也有细微的差别。比如最早的天赤七王中，第五王的名字两书有差别，《阿里王统记》记为益赤赞普（ye-khri btsan-po），[①] 而《拉达克王统记》则为墨赤赞普（me-khri btsan-po）；此外，第七王色赤赞普（srib-khri btsan-po），二书的写法一样，但却与流传较广的《贤者喜宴》的写法“sibs-khri btsan-po”不一致。[②] 此外，在叙事过程中也有一些事迹详略的不同，比如在记载赤松德赞时期的史事时，《阿里王统记》记述了吐蕃佛教史上著名的渐顿之诤的汉地和尚摩柯衍那的事迹，而《拉达克王统记》则对此事未置一词。这或许跟《阿里王统记》的作者阿旺扎巴本是佛教大师，更关心宗教史事有关。尽管总体上讲二书吐蕃王朝史部分的内容史料价值不高，但作者这样的编排却有特殊的目的，无论是古格政权还是拉达克政权都脱胎于阿里王朝，而阿里王朝的创建者吉德尼玛衮又是吐蕃王朝末代赞普的直系后裔。因此古格人阿旺扎巴和拉达克佚名史家在讲述本身王朝史之前不惜花费笔墨去追溯吐蕃王朝的历

---

① 古格堪钦·阿旺扎巴：《阿里王统记》（藏文版），第18页。

② 参见《拉达克王统记》（藏文版），第28页；巴卧·祖拉陈瓦著，黄颢、周润年译注：《贤者喜宴——吐蕃史译注》，第7页。

史，反映的正是这两个阿里王朝分支政权浓厚的正统意识，志在标榜它们的政权与历史上的吐蕃王朝一脉相承。

由于拥有共同的历史渊源，古格与拉达克既是阿里王朝的分支政权，又同处于阿里三围这一共同的地理单元之中，双方的关系一直比较微妙。双方在这样的历史传统和地理结构中，经常会积极主动地干预对方的事务，特别是在对方发生内乱和动乱时，出兵平定乱局，从而保证区域性的政治稳定。双方虽然有时也会有矛盾和冲突，不可避免发生战争，但绝不是那种“你死我活”式的敌对关系。最典型的例子是1399年（土兔年）古格出兵帮助拉达克平定内乱，扶植拉达克王室中亲古格的势力重建对拉达克的统治。当时玛域国王（mar-yul mngav-bdag）赤赞德（khri-btsan-lde）由于横征暴敛，引起民怨，拉达克境内的两大诸侯列叶觉卧拉尊（ble-yevi jo-bo lha-btsun，列叶可能就是列城）和谢叶瓦（she-ye-ba，其统治中心可能就在拉达克的早期王城谢城“shel”附近）联手发动叛乱，占据了拉达克的大部分地区，赤赞德退守徐域（zhu-yul，即古格西北部与拉达克接壤的纯牧区——茹宿“Rupshu”）。这时古格国王南杰德（rnam-rgyal-lde）出兵击败了拉达克的叛军，追击叛军一直到沙波拉（sa-spo-la，即拉达克西部山地地区的色坡村“Saspol”，靠近著名的阿奇寺）。最终包括列、谢叛军在内的所有造反者都向古格投降，在古格的扶持下，赤赞德恢复了对拉达克全境的统治。[①]显然，古格在拉达克发生动乱的时候，采取积极的军事干预政策，并且在取得巨大的军事胜利的情况下，特别是在已经实现对拉达克核心区军事占领的情况下，并没有“灭亡”拉达克；尽管拉达克国王赤赞德重新上位是在古格的扶持之下实现的，这时的拉达克也基本处于古格的实际控制之下。同样，当拉达克强大起来之后，也会对古格进行军事征服，但也不会“灭亡”古格，只需要古格臣服于拉达克，并缴纳贡赋即可。如拉达克国王才旺南杰在位期间（约1575—1595年），拉达克的军事实力突然暴涨，征服了周边的许多地区，把古格和日土都纳入自己的控制之下。但古格并没有被拉达克“吞并”，只是需要向拉达克缴纳重税而已。[②]

理解了这一历史传统，就可以理解末代古格国王在围城之际，放弃死拼到底、接受拉达克方面的投降议和条件的举动了。1630年古格内乱与拉达克出兵的干预，和1399年古格出兵干预拉达克的内乱在形式上是非常相似的。尽管这回“强弱易位”，1399年时是古格强、拉达克弱。1399年拉达克的内乱实质是王室贵族发动叛乱反对在任的国王，1630年古格的内乱实质上也是王室贵族发动叛乱反对在任的国王。有意思的是，

---

① 参见古格堪钦·阿旺扎巴：《阿里王统记》（藏文版），第83页。

② 参见Luciano Petech, *The Kingdom of Ladakh C.950-1842 A.D.*,p.32;［意］毕达克著，沈卫荣译：《拉达克王国史（950—1842）》，第31页。

1630年的古格暴乱是由古格僧侣贵族集团挑起的，其领导层包括了已出家的古格国王的王叔和王弟；而1399年拉达克的叛乱领导人列叶觉卧拉尊明显也是一位出身王室的僧人，觉卧拉尊（jo-bo lha-btsun）是一个典型的王族高僧的称号。“拉”是吐蕃王室成员的专享头衔，“尊”是“尊巴”（btsun-pa）的省称，是对僧人的敬称，意为“尊者”，类似于汉传佛教语境中的“大德”。[①]可见连发动叛乱的主角是本国王室僧人这一点都是一样的，所不同的是，面对“对方”的内乱，上一次古格的军事行动是站在“国王”的一方镇压“叛乱者”，这一次拉达克的军事行动却是站在“叛乱者”的一方对付“国王”。但在本质上，两者也并没有太大的不同，都是在对方发生动乱时采取积极的军事干预政策。

所以当拉达克军队围攻古格王城不下之际，古格国王最后同意请降议和，也在情理之中。因为按照过去的政治传统，还没有一个吐蕃赞普后裔政权，特别是像古格和拉达克这样的“真正的兄弟”之邦，以武力消灭对方，断绝对方的王统传承。阿维则多的报告《从阿格拉到西藏》中提到，古格国王接受的出降议和条件是：古格只需要每年给拉达克进贡表示臣服，至于古格国王本人可以继续留在古格。只是拉达克要求，

① 张怡荪等编：《藏汉大辞典》，民族出版社，1993年，第2200页。

为了显示古格的诚意，古格国王必须亲自出城敬献贡物（这一条款最后因为拉达克背信弃义，古格国王一出城就被拉达克扣压，并接着被押解离开古格，成为古格亡国的直接原因）。[①] 这意味着从此古格虽然会成为拉达克的附庸，但仍然可以保留内政自主，特别是古格的王统不会中绝。这也符合前述双方积极的军事干预政策的传统，只是这一次，拉达克背弃了几百年来吐蕃赞普后裔政权相互之间“兴灭继绝”的政治传统，这对古格国王而言确实是始料未及的。

拉达克的转型及其军事扩张

以上两个小节的考论，重点揭示了古格与拉达克两者不但系出同源，同是吐蕃王朝的继承者，而且在长达数百年的斗争与共存中形成了一套双方共同遵循的政治文化传统。古格与拉达克之间有着基本的政治互信，这可以解释末代古格国王在围城之后主动放弃抵抗的“迷之操作”：因为根据双方的历史经验形成的政治文化传统，古格国王并不觉得投降并臣服于拉达克会有“亡国”之祸。但新的问题又来了，拉达克的“背信弃义”在西藏政治史上到底意味着什么？像阿维则多那样简单地

① 伍昆明：《早期传教士进藏活动史》，第231页。

把原因归结于拉达克国王的政治品质，是没有意义的。真正需要讨论的是：拉达克国王为什么会违背吐蕃赞普后裔政权已经遵循了几百年的政治传统而对古格痛下杀手呢?

事实上，拉达克在17世纪前后正在经历一场重要的发展模式的转型，特别是拉达克国王森格南杰上台以后，拉达克开始走上了积极的军事扩张道路。森格南杰时代是拉达克历史上最强盛的时代，他几乎完成了统一阿里三围的事业。因为他不但灭亡吞并了古格，也在同一时期灭亡吞并了桑噶尔——阿里王朝的另一个分支政权、拉达克的另一个兄弟之邦。森格南杰时代，拉达克明显对阿里三围的传统政治文化做出了重大的突破，森格南杰的军事扩张不同于阿里三围诸政权以往的军事征服，其性质是“兼并战争”而不再是“争霸战争”。而这样的转变又跟拉达克在阿里三围中独特的政治地理格局有关。

拉达克与古格虽然同宗同源，但两者的政治地理格局有着非常大的差异。古格的东边与后藏等西藏政治文化的腹地相连，西边是拉达克、桑噶尔、毕底、库奴、拉胡尔等西喜马拉雅的山地诸邦。这些地区既是古格的前身阿里王朝的势力范围，也是藏传佛教文化的辐射区，且这些地区的河谷绿洲分布比古格更加细碎也更加分散，经济实力远不如古格，更难对古格构成真正的威胁（参见本书第一章第二节）。所以古格的地缘政治环境相对较好，古格的安全也基本上能够得到保障。古格最大的外部危险只有来自北边的西域中亚的穆斯林势力，历史上令古格及整个西藏胆寒的噶逻人就是来自这个方向。比如12世纪中叶，有一支在西域中亚活动的噶逻人侵入古格，给古格造成了毁灭性的打击：当时的国王扎西泽战死，王弟沃巴泽被俘，幸好扎西泽的另一个弟弟，受封于库奴的觉卧杰布带兵赶走了噶逻人，收复了古格。①但古格的核心区与西域中亚之间距离遥远，又隔着近乎无人区的羌塘高原，且有高大的喀喇昆仑山脉阻隔，发动这样的千里奔袭对西域中亚的政治军事势力来说并非易事；而克什米尔等地的穆斯林政权要对古格发起进攻，则要绕过拉达克和桑噶尔千里奔袭，也很难对古格发起真正的致命一击。

安夺德在1624年11月8日写给耶稣会的报告中就提到，古格曾遭到斯利那加（即克什米尔）国王联合三个小邦土王偷袭。这次“进兵是非常秘密地进行的，直至斯利那加王的军队来到西藏王国（即古格）的国门时，西藏（古格）才得知”。但即便是“偷袭”得手，也没有给古格造成重大的军事危机。这时的古格国王在接到克什米尔军队犯境的消息后，一点也不慌张。跟六年后被拉达克军队包围于王城时的进退失据相比，面对克什米尔军队的偷袭，他排兵布阵、指挥若定，安夺德说

① 参见黄博：《10—13世纪古格王国政治史研究》，第228—229页。

“西藏王（古格国王）对斯利那加王举事并无丝毫畏惧”。面对突如其来的克什米尔军队，古格国王做出了如下的部署：先是命令离克什米尔军队较近的古格军队去迎战三个小邦的军队，阻断了克什米尔大军与三个小邦军队的会师。然后在克什米尔大军分兵三路攻入古格的情况下，让古格军队依靠城堡节节抵抗，以挫其锐气。安夺德的报告中说：此役克什米尔出动三路大军，其中第一路军有1.2万人，配有1.1万支火绳枪和20门大炮，第二路军有2万人，第三路军的人数则比其他两路要少得多，如此三路大军加起来可能在4万人左右。结果古格军队依靠城堡阻击敌军，使得克什米尔的第一路军居然被只有30名士兵的一支守卫城堡的古格军队击溃，不但歼敌300多人，还冲入克什米尔军的大营。这一路克什米尔大军受挫之后就撤退了。另外两路克什米尔的大军虽然攻入了古格境内，但古格军队依靠有利的地形优势，将克什米尔的军队围困在山谷之中，并且派出战斗力较强的古格骑兵阻断了克什米尔军队的后路。这使得“斯利那加军队陷入了严重的困境，进退维谷，因退路已被藏军堵死，前进又害怕，他们已经尝到了藏军的厉害”。结果，克什米尔军队只得跟古格停战议和，古格成功地化解了克什米尔的入侵。[1]事实上，古格与克什米尔之间道路

① 详情参见伍昆明：《早期传教士进藏活动史》，第188—189页。

遥远难行，从克什米尔出发的军队即便偷袭成功，也已非常疲乏。加上后勤补给困难，以及古格高海拔又多山的地形优势和恶劣的天气条件（安夺德说克什米尔军队战斗力大大下降的原因是因为那几天下了大雪，克什米尔军队在大雪中遭到重创），这些都使得古格在阻击来自西边的侵略军时颇有军事地理上的优势。

与古格处于西藏政治势力和藏传佛教文化圈的温室之中不同，拉达克的地缘政治形势则要严峻得多。拉达克西边与克什米尔、巴尔蒂斯坦相邻，北边与西域的喀什噶尔、叶尔羌等地接壤。来自西边的势力可以非常容易并且经常性地侵入拉达克的核心区，来自北边的势力侵入拉达克虽然更加困难一点，但路途并不遥远，在宗教“圣战”的热情加持下克服高原反应。翻越大山后也可以比较轻易地攻入拉达克。特别是，拉达克的西边和北边最终伊斯兰化以后，拉达克所面临的地缘政治格局就更加恶化。这些地区的统治者往往以“圣战”之名侵入和洗劫拉达克。拉达克与伊斯兰化的克什米尔、巴尔蒂斯坦的战争的频繁程度和剧烈程度远超东边的藏传佛教文化圈。

从16世纪30—60年代的三十年间，仅著名的《赖世德史》的作者米尔咱·海答儿就参与了多次对拉达克的袭击和侵扰。1532年，当时还在喀什噶尔的赛德·汗政权手下效命的米尔咱·海答儿率军参与了对拉达克的“圣战”。他在《赖世德史》中写道："赛德·汗一贯热望走真主的道路，进行'圣战'，特别是现在他要步和卓后尘。他时刻都准备为伊斯兰献身，感到'圣战'才是使自己得救和归向真主的最可靠的道路。由这种虔诚的感情所驱使，他终于在伊斯兰教历938年（伊斯兰教教历该年的除夕是公元1532年8月2日）出发去进攻退摆特（Tibet，指拉达克）。"[①]在伊斯兰教"圣战"热情的驱动下，这些穆斯林军队进入拉达克后的战况异常激烈。如米尔咱·海答儿率军攻打拉达克的努布拉（Nubra）地区时，先是发布公告要求当地人全部改信伊斯兰教，"咨尔众庶，其悉来归，信奉伊斯兰教。凡信奉此教者均有幸福，且能分享应得之部分"。对于不肯改宗投降者，则以强大的武力将其赶尽杀绝。当时努布拉的地方首领据守城堡反抗入侵者，米尔咱·海答儿在书中写道："有一个名叫布尔·喀巴（bur kapa）的人，是异教徒诸头人的首领，他在主要城堡木塔达尔（Mutadar）设防固守。我包围了这个城堡，用了几天的时间备好攻城器械，如弩机、盾牌等物，遂于预定的日子逼近该城堡。伊斯兰的鹰爪抓住了异教徒之手，将其击走。他们弃城仓皇逃窜，穆斯林军追之，至于绝境，把这些迷惘的异教徒全歼，无一逃脱。"[②]

---

① 米尔咱·海答儿著，王治来译注：《赖世德史》，上海古籍出版社，2013年，第473页。

② 米尔咱·海答儿著，王治来译注：《赖世德史》，第485页。

米尔咱·海答儿在赛德·汗死后受到猜忌，无法再在喀什噶尔政权中立足，他从拉达克前往印度投奔了莫卧儿王朝。1541年，米尔咱·海答儿奉莫卧儿王朝之命，率军征服了克什米尔，由于之前入侵拉达克的经验，他在克什米尔统治稳定之后于1545年和1548年先后两次率军侵入拉达克。按照伊斯兰史书《先知史》（Ta' rikh-i-Ferishta）的记载，1548年的这次征战是一次大规模的战役，米尔咱·海答儿的军队取得了巨大的成功，征服了巴尔蒂斯坦和拉达克，分别委任了巴尔蒂斯坦和拉达克的总督。不过米尔咱·海答儿对拉达克的统治没有持续多久，1551年米尔咱·海答儿暴死于征战途中，拉达克应该很快就摆脱了他的控制。但1553年又有一批克什米尔穆斯林军阀攻入拉达克洗劫了一番后撤走。1562年克什米尔国王格齐·查卡（Ghazi chak）命其子阿哈买德汗（Ahmad khan）率军进攻拉达克。克什米尔军队兵分两路，一路攻进了拉达克的王城，并迫使拉达克称臣纳贡，另一路则遭到重创，领军大将法特赫（Fath Chak）在驰援阿哈买德汗时被拉达克击杀。[①]

对拉达克而言，更为严重的军事灾难来自巴尔蒂斯坦。拉达克国王绛央南杰在位时期（约1595—1616年），1600年

① 参见Luciano Petech, *The Kingdom of Ladakh C.950-1842 A.D.*,pp.28–30；［意］毕达克著，沈卫荣译：《拉达克王国史（950—1842）》，第27—29页。

前后，拉达克遭到巴尔蒂斯坦的斯卡都（Skardo）统治者“马本”（《拉达克王统记》给他的头衔是“dmag-dpon”，意为将军）阿里·米儿（Ali Mir）的重创。《拉达克王统记》甚至认为这时的拉达克开始进入衰落期——“衰败期来临了，王政破败了”。阿里·米儿的军队用计将拉达克国王绛央南杰率领的军队主力诱困在冬季的大山之中，并切断了拉达克主力部队的退路，拉达克军的主力可能被聚歼于山中。然后整个拉达克都遭到了巴尔蒂人的蹂躏，特别是巴尔蒂军队销毁了拉达克所信奉的佛教经书，或用火烧，或投于水中，并且捣毁了拉达克的佛教寺院，在将拉达克洗劫一番后撤回了巴尔蒂斯坦。销毁佛经、破坏佛寺，这些举动，跟之前米尔咱·海答儿等穆斯林军阀的行为一样，带有明显的伊斯兰教“圣战”意味。阿里·米儿的入侵已把拉达克逼到了亡国的边缘。《拉达克王统记》记载，拉达克国王绛央南杰及其贵族大臣被迫向巴尔蒂人投降，投降后他们被巴尔蒂军队押回了斯卡都。绛央南杰到了斯噶多后被软禁了起来，其他的拉达克贵族则被收监囚禁。[①]拉达克的这段几近亡国的情节，跟三十年后古格亡国的场景何其相似！三十年后，被阿里·米儿用这个办法对付的绛央南杰的儿子森格南杰，恰巧就是用同样的办法来对付末代古格国王

① 参见《拉达克王统纪》（藏文版），弗兰克版，第38页。

赤扎西扎巴德，而森格南杰正是阿里·米儿的外孙。

有意思的是，每次遭到西方穆斯林军队的入侵和洗劫后，拉达克反倒会迎来一段短暂的军事实力爆发的高潮期。在16世纪30—60年代的穆斯林军队入侵的浪潮后，拉达克迎来了对周边地区进行军事征服的第一个高潮。伯戴克引用的《弗兰克碑铭集》中收录了一份阿奇寺的题记，题记中记载了拉达克国王扎西南杰翻修阿奇寺的情况。其中提到在扎西南杰的率领下，拉达克取得对门人（mon，可能是拉达克南边的拉胡尔和库奴）和霍尔人（hor，可能指的是拉达克北边的叶尔羌或喀什噶尔）的战争的胜利。扎西南杰的扩张获得巨大的成果，从日土（ru-thog）、毕底（spiti）以下，到苏茹（Suru）、德拉斯（Dras）以上的地区都纳入他的统治之下，同时包括巴尔蒂斯坦、努布拉和桑噶尔等地也都被他所征服，成为他的属地。①接下来是才旺南杰时代（约1575—1595年在位），他被伯戴克认为是“拉达克最好战和最成功的统治者之一”。他在位期间的军事扩张非常成功，将拉达克在东部的边界拓展到了后藏西部的绛昂仁（byang ngam-rings），并将洛哦（今尼泊尔的木斯塘地区）、普兰、古格在内的地区都纳入他的控制之下，古格保留了自主地位，但需要向拉达克缴纳重税；向南征服了作木

① Luciano Petech, *The Kingdom of Ladakh C.950-1842 A.D.*,p.30；［意］毕达克著，沈卫荣译：《拉达克王国史（950—1842）》，第30页。

朗（vdzum-lang）——即今尼泊尔的久姆拉（Jumla），向西则击败了巴尔蒂斯坦，占领了巴尔蒂人的两处地方。[①]

可以说，在16世纪30—60年代的三十年穆斯林大军入侵之后，居然迎来的是16世纪60—90年代拉达克的三十年军事鼎盛期。这绝非偶然，因为巴尔蒂穆斯林大军入侵的绛央南杰时代（约1595—1616年）之后，迎来的是拉达克历史上军事征服成就更加成功的森格南杰时代。其原因应该是拉达克在与西方穆斯林的频繁而激烈的战斗中，锻炼了军事能力。特别是需要在穆斯林入侵的大乱形势下稳定局势的拉达克国王，必须具备突出的军事才能，这就不可避免地使得这一时期能够脱颖而出的拉达克国王走上军事扩张的道路。西方穆斯林的不断入侵实际上使得拉达克被迫开启了一场重要的立国之基的转型，渐渐突破了阿里王系以及吐蕃赞普后裔政权的政治文化传统。这一点从这两次穆斯林入侵之后的拉达克国王的上位过程中就能看得出来。这些拉达克国王有一个共同特点，即都是“篡位者”——这意味着拉达克的王政，从“正统政治”滑向了“强人政治”，只有在竞争中的强者才能成为拉达克的国王。比如16世纪30—60年代的穆斯林入侵高潮之后上位的扎西南杰，是

① 参见《拉达克王统纪》（藏文版），弗兰克版，第38页。

在弄瞎了他兄长的眼睛后篡夺王位的。[①]森格南杰似乎是拉达克“合法”的王位继承人，但《达仓热巴传》的记载表明，森格南杰曾经一度被他的弟弟罗布南杰赶下王位（也有可能王位本来就是弟弟的）。有意思的是，当森格南杰避居于德钦南杰寺（lde−chen−rnam−rgyal）一段时间之后，却突然出来杀死了罗布南杰——“罗布南杰进入无为之境，入主森格南杰执掌了国政”。[②]

扎西南杰和才旺南杰时代拉达克的这种转型，由于史料太少，无法讨论。幸好森格南杰时代的史料相对丰富一些，足可以解开拉达克的转型之谜。在经历了1600年左右巴尔蒂斯坦的斯卡都统治者阿里·米儿入侵之后，拉达克国王绛央南杰被押送到斯卡都软禁了起来，拉达克几近亡国。但巴尔蒂的穆斯林统治者似乎并没有直接统治拉达克的兴趣，阿里·米儿在对绛央南杰进行一番“改造”之后，又放他回到了拉达克继续执掌

---

① Luciano Petech, *The Kingdom of Ladakh C.950-1842 A.D.*,p.30；［意］毕达克著，沈卫荣译：《拉达克王国史（950—1842）》，第29页。

② 阿旺贡噶伦珠吐丹格勒迥乃索南坚赞：《达仓热巴传》（藏文版），第31叶正面，原文为“nor−bu rnam−rgyal vdus−byas kyi dang tshul du gyur te mi−dbang seng−ge rnam−bar rgyal−bas rgyas−srid la dbang sgyur”。前半句中“vdus−byas”意为“有为”，文意难解，伯戴克认为此处掉了一个否定词“ma”，当为“vdus−ma−byas”（无为）。“进入无为之境”，是隐晦地表示罗布南杰的死亡，此说当为确解。参见Luciano Petech, *The Kingdom of Ladakh C.950-1842 A.D.*,pp.40−41；［意］毕达克著，沈卫荣译：《拉达克王国史（950—1842）》，第40—41页。

国政。在拉达克人自己的历史叙事中，把这次“改造”的过程浪漫化为落难国王和天真公主之间的一场爱情故事：阿里·米儿的一个女儿（姓名不详）在绛央南杰被软禁期间经常去照顾这位落难的国王，结果这位斯卡都的公主竟然与绛央南杰日久生情。两人后来还私订终身，甚至公主还怀上了绛央南杰的孩子。阿里·米儿在发现公主怀上了孩子后，只得承认了这桩婚事，把女儿许配给了绛央南杰，然后释放了他，让他和公主一起返回了拉达克。阿里·米儿的这个女儿后来顺理成章地成为拉达克的王后，史籍中称之为“杰可敦”（rgyal khatun）。这是一个藏语和突厥语的混合式称号，“杰”（rgyal）代表的是藏语的王后（rgyal-mo），“可敦”则是突厥语中最常见的王后称号。[①]

绛央南杰与杰可敦的联姻应该意味着阿里·米儿在拉达克已经扶持起了一个亲斯卡都的政权，拉达克此时的地位实际上是斯卡都的附庸国，杰可敦很有可能是代表斯卡都政权来监管拉达克国政的。绛央南杰与杰可敦的联姻更多的是一场政治交易，双方可能达成一个“协议”，即绛央南杰与杰可敦的子嗣将成为未来的拉达克国王。《拉达克王统记》以极其戏剧化

① Halkias, Georgios T, "The Muslim Queens of the Himalayas: Princess Exchanges in Baltistan and Ladakh", in *Islam and Tibet–Interactions along the Musk Routes, Routledge*, 2016, pp.238–240.

的方式揭示了这一事实，绛央南杰与杰可敦二人私订终生、珠胎暗结后，阿里·米尔宴请了一众将士，然后邀请绛央南杰重登王座。阿里·米尔说："昨天在梦中，我看到一头狮子从王宫前的小湖中跃出，进入了杰可敦的体内。就在同一时间，她怀里拥有了生命，此女必定会生下一个儿子，给他取名为森格南杰吧！"①显然，这个"狮跃入胎"的故事是在为拉达克最具战力的国王森格南杰（seng-ge rnam-rgyal，"seng-ge"即是狮子的意思）的上台张本。而且在此之前绛央南杰已经娶妻生子，前王后才仁的两个儿子阿旺南杰（ngag-dbang rnam-rgyal）和丹增南杰（bstan-vdzin rnam-rgyal）随即失去了王位继承权。伯戴克提到绛央南杰在位时期的几通铭文中，几乎都是绛央南杰和杰可敦并列，更有意思的是，其中一则题记中还出现了穆斯林大臣的姓名。②可以合理地猜测，回国后的绛央南杰可能更多的只是拥有象征性的王权，并没有多大的实权。这就可以解释绛央南杰回国后把大部分的精力都放到了宗教事业上，他给卫藏地区的一系列著名寺院如大昭寺、哲蚌寺、热垅寺（ra-lung，主巴派在卫藏地区的重要寺院）敬献了大量的供养。更值得注意的是，绛央南杰回国后不久就死了，《拉

---

① 《拉达克王统记》（藏文版），弗兰克版，第38—39页。

② Luciano Petech, *The Kingdom of Ladakh C.950-1842* A.D.,pp.34-37；［意］毕达克著，沈卫荣译：《拉达克王国史（950—1842）》，第34—37页。

达克王统记》还特别强调了他“终因寿命短促，善逝而去”（sku–tshe chang–bas bde–bar–gshegsso）。[①]而在绛央南杰死后、其子森格南杰亲政之前，杰可敦成为拉达克的摄政王太后，这使得杰可敦成为拉达克最有权势和最著名的王后。[②]

当然，在拉达克人眼中，杰可敦之所以有名，是因为她生育了拉达克最杰出的国王森格南杰。拉达克有一首歌颂杰可敦的民歌，主要内容就是称颂森格南杰出生时在她怀里的场景。绛央南杰和杰可敦开创的拉达克与巴尔蒂穆斯林政权的联姻关系，在森格南杰时代也得以延续。在母亲的影响下，森格南杰也迎娶了一位巴尔蒂的公主，藏文名为格桑卓玛（skal–bzang sgrol–ma）。尽管连续迎娶了两位穆斯林公主，但伊斯兰教在拉达克腹地的传播似乎没有明显的成果。绛央南杰和森格南杰都没有受到妻子的影响，他们仍然是虔诚而且非常热忱的藏传佛教的信奉者，至少从现存的史料中看不出他们有伊斯兰教的信仰因素。反倒是两位穆斯林公主嫁到拉达克后竟然都入乡随俗，当起了藏传佛教的施主和女神，如1622年为完成绛央南杰的遗愿，杰可敦出巨资在巴果的弥勒寺打造了一尊巨大的弥勒佛像；1647年，格桑卓玛则出资让达仓热巴在谢城王宫附近创

---

① 《拉达克王统纪》（藏文版），弗兰克版，第39页。

② Luciano Petech, *The Kingdom of Ladakh C.950-1842 A.D.*,p.36；［意］毕达克著，沈卫荣译：《拉达克王国史（950—1842）》，第35页。

建了一座寺院。而拉达克人则把这两位穆斯林王后当作藏传佛教信仰中的“度母”化身，赋予了她们佛教文化中的女神地位。[①]当然，这不排除拉达克的史料有意忽视了两位王后的伊斯兰教信仰，她们的信仰背景在家庭内部可能会有些影响。了解了1600年后拉达克王室与穆斯林政权持续联姻的历史后，古格国王在与拉达克公主订婚后又悔婚的事情可能就有了合理的解释。这位被悔婚的拉达克公主可能就是杰可敦的女儿，比起政治性更强的王子，公主有可能更容易受到母亲信仰的影响。当古格国王了解了这位拉达克公主的家庭情况后，大约不能接受自己未来的王后有伊斯兰教信仰背景吧。

灭亡古格的拉达克国王森格南杰正是在拉达克政治传统突变中成长起来的一代英主。森格南杰时代（1616—1642年），拉达克在阿里三围开始了一系列的军事扩张，而且与以往的军事干预不同，这些军事扩张都具有“兼并战争”的性质。从这个意义上来讲，进入“兼并时代”的拉达克，最终灭亡古格也并非偶然。除了吞并古格以外，他还兼并了桑噶尔。按照传统的说法，桑噶尔是阿里王系开创者吉德尼玛衮的幼子德祖衮的封地，与贝吉衮开创的拉达克、扎西衮开创的古格一起成为阿里王朝三大分支政权，与拉达克、古格是真正的兄弟之邦。

---

① Halkias, Georgios T, "The Muslim Queens of the Himalayas: Princess Exchanges in Baltistan and Ladakh", pp.240-242.

桑噶尔灭亡的过程跟古格高度相似。桑噶尔的灭亡表面上也是起源于一场失败的联姻，森格南杰将他的姐姐杰宗（rgyal-vdzom）嫁给了桑噶尔国王卓吉杰波（dzo-ki rgyal-po）。而在这场联姻之前，桑噶尔曾遭到拉达克的猛烈进攻，拉达克军队攻陷了桑噶尔的重镇桑拉。桑拉之战异常激烈，桑拉王子尊追坚赞（brtson-vgrus rgyal-mtshan）率军英勇抵抗，战败之后，他流亡到了后藏，成为四世班禅最有名的弟子之一，担任过著名的达布扎仓寺的住持。所以这场联姻应该是在拉达克的军事压力之下实现的，最后的结果是桑噶尔的国王与王后“反目成仇”。桑噶尔国王在和王后争吵后逃亡到巴尔丹寺，而桑噶尔王后、拉达克公主杰宗占据了王国的首府班敦，可见国王的实力还不如王后杰宗。为了反击王后，卓吉杰波向恰姆巴（Chamba，位于拉胡尔以西）借兵进攻班敦，企图夺回王城，但王后杰宗依靠班敦的城堡坚守待援，最后拉达克的大军赶到，攻陷了巴尔丹寺。桑噶尔国王卓吉杰波在寺院陷落前逃了出来，流亡去了恰姆巴，桑噶尔被并入拉达克，时间大概是在1638年——古格亡国后的第八年。①

---

① 参见Luciano Petech, *The Kingdom of Ladakh C.950-1842 A.D.*,pp.48-49；［意］毕达克著，沈卫荣译：《拉达克王国史（950—1842）》，第47—48页；David L. Snellgrove and Tadeusz Skorupski, *The Cultural Heritage of Ladakh 2:Zangskar and the Cave Temple of Ladakh*, p.13。

古格和桑噶尔的灭亡，意味着分裂了数百年的阿里地区被拉达克重新统一。三方在过去数百年中，战争和冲突其实是一直在上演的，但皆属争霸战争。即无论是拉达克征服古格，还是古格征服拉达克，都只是企图在阿里三围建立起以自己为领袖的地区霸权秩序。但在17世纪30年代后，森格南杰统治下的拉达克明显突破了争霸战争的传统，开始运用自身取得的军事优势，开启了对阿里三围的兼并进程，最终实现了将阿里王朝的三大后裔政权——拉达克、古格、桑噶尔统一起来的事业。可以说，森格南杰在17世纪30年代终结了阿里三围的旧时代。不过拉达克也好，古格也好，桑噶尔也好，包括它们在内的吐蕃赞普后裔政权，都不代表西藏政治史发展的新方向。森格南杰虽然终结了一个旧时代，但却没有开创出一个新时代，拉达克对阿里三围的统一最终也只是昙花一现罢了。

第二节　与主巴派的反目成仇

在亡国的过程中，古格不只有拉达克一个对手。伯戴克的研究揭示了不丹在古格亡国前夕曾经与之爆发过一场激烈的战争（可能规模并不大）。大约在1628年，不丹的统治者夏仲·阿旺南杰（zhabs-drung ngag-dbang rnam-rgyal，1594—

1651年）派出军队侵入古格。[1]具体的情况在《达仓热巴传》中有详细的记载：阳土龙年（sa–pho–vbrug–lo，即1628年），当时不丹军队在多增·桑丹热杰（rdor–vdzin bsam–gtan rab–rgyas）和洛俄却佐（blo–bo chos–mdzad）率领下袭击并劫掠了古格的其卓（phyi–vbrog）——字面意思是"外部牧场"，实际指位于冈仁波齐峰至噶大克之间、今门士附近一带的区域。但古格很快就开始了反击，古格军队击杀了一批山中修行者（ri–pa），并且将俘获的80多人收监羁押。多增·桑丹热杰和洛俄却佐靠着达仓热巴的庇护才幸免于难。[2]与古格并没有多少历史纠葛的不丹，为什么会成为拉达克之外，另一个对古格采取军事行动的政治势力呢？古格与拉达克同处阿里三围这一共同的地理单元，又是阿里王朝分化出来的最大的两个政权，双方可谓相爱相杀数百年。但古格与不丹不但相距遥远，而且也不是近邻——两者中间还隔着尼泊尔和锡金，彼此也没有多少历史纠葛，怎么会在这个时候打起来呢？

---

① 参见Luciano Petech, *The Kingdom of Ladakh C.950-1842 A.D.*,p.44；[意]毕达克著，沈卫荣译：《拉达克王国史（950—1842）》，第43页。

② 阿旺贡噶伦珠吐丹格勒迥乃索南坚赞：《达仓热巴传》（藏文版），第32叶正面—32叶背面。

古格亡国前与主巴派的紧张关系

跟古格和拉达克这种历史悠久的吐蕃赞普后裔政权不同，不丹是当时新兴教派政权的典型。不丹的统治者夏仲·阿旺南杰的崛起过程充分预示着西藏政治史上一个新时代即将到来。阿旺南杰并非不丹本地人，也不是一般意义上的开国之君，他的真正身份是主巴噶举派的第十八任教主和第十四世主钦活佛。阿旺南杰出生于政教显贵家庭，他的祖父米旁旺波（1543—1606年）是主巴派的最高领导人和主要寺院热垅寺的住持，他的母亲则是统治拉萨地区的第巴吉雪巴的女儿。其母先嫁给当时逐渐强大起来的藏巴第悉丹松旺波，后因无子才改嫁给阿旺南杰的父亲，因此这一家族与藏巴第悉政权关系颇为微妙。阿旺南杰在其祖父的扶持下成为主巴派大活佛白玛噶波的转世，被预定为下一任主巴派的教主，这一做法遭到主巴派内部一些权贵家族的反对。1606年阿旺南杰举行了坐床大典，卫藏地区各个地方政权和主要教派都派出代表参加这一典礼，唯有藏巴第悉和格鲁派拒绝出席。此后他遭到当时越来越强大的藏巴第悉彭措南杰的敌视和迫害，不得已在1616年离开卫藏地区，南下不丹地区传教。后来，他利用宗教力量使得长期处于领主割据状态的不丹形成了统一的政治实体，并在1630年前后击败了第悉藏巴·丹迥旺波的两次进攻，威名大增。1637年阿旺南杰完全控制了不丹地区，自号夏仲（zhabs-drung），成为拥有政教全权的法王。[①]而主巴噶举派自然成为不丹的国教，现代不丹的自称——“主域”，就是“主巴噶举派的地方”的意思。

古格亡国前与主巴派的关系颇为紧张。主巴派的历史可以追溯到12世纪，其与阿里三围的历史联系也相当古老。主巴派属于噶举派的一支，该派渊源于帕木竹巴的弟子林热·白玛多吉（gling-ra pad-ma rdo-rje，1128—1188年），而真正的创立者则是林热的弟子藏巴嘉热·益西多吉（gtsang-pa rgya-ras ye-shes rdo-rje）。噶举派从形成之初就已分成两大传承系统，即香巴噶举（shangs-pa）和达布噶举（dwags-po）。香巴噶举创派者是活跃于12世纪前期的穹波南交（khyung-po rnal-vbyor）。穹波南交是前藏尼木地方人，最初是一名苯教徒，跟随苯教师学苯法，后来改习宁玛派的大圆满法，大约在12世纪初开始，先后到尼泊尔和印度亲自从印度佛学大师们学习密法。学成之后回到西藏，最初在拉萨以北的彭域地区传教，后来转入今日喀则地区的南木林县的香地区建寺108座，成为在当地影响最大和最有势力的教团组织，因此得名为香巴噶举。不过该派在教法和师承上并未形成特别的传承，在15世纪以后

① C.T.Dorji, *History of Bhutan Based on Buddhism*, Indian Books Centre, Delhi, 1994, pp.71-89.

就湮没无闻，[①]因此该派与阿里三围的社会政治关系不大。

在13世纪以后与古格社会政治有着千丝万缕联系的是噶举派两大主干支系之一的达布噶举系统。达布噶举的形成经历了相当漫长的过程，该派渊源于玛尔巴（1012—1097年）、米拉日巴（1040—1123年）师徒，而最终创立于达布拉结（1079—1153年），前后历时近百年。玛尔巴·却吉洛追（mar-pa chos-kyi blo-gros）出生于今山南地区的洛扎地方的普曲城。他最初也打算去当时西藏最有名的卓弥译师处学法，但由于卓弥一向对前来求学者索以重金，玛尔巴遂决定直接去印度学法。他先后七次去尼泊尔和印度求学多年，从诸多上师那里习得《呼金刚灌顶》《密集续》《明灯释论》《玛哈玛雅灌顶加持教授》等高深密法，晚年定居在洛扎的卓窝垄地方传法授徒。[②]玛尔巴有四大弟子，其中对噶举派形成有关键性作用的是米拉日巴（mi-la-ris-pa）。米拉日巴出生于今日喀则地区的吉隆县一带的贡塘，是玛尔巴众多弟子中密法修持成就最高的。他的故事后来在藏族民间广为流传，《米拉日巴传》也成为藏区最流行的文学作品之一。米拉日巴本人的证道生涯和弘法成就与古格和阿里地区关系颇为密切，他在后期进入阿里的

---

① 参见王森：《西藏佛教发展史略》，中国藏学出版社，2010年，第95—96页。

② 廓诺·迅鲁伯著，郭和卿译：《青史》，第243—245页。

冈底斯山一带修炼并致力于消除苯教在这一地区的影响，为冈底斯山从苯教的圣地变成佛教的圣地做出了巨大贡献。此外，他同11世纪后半期主持古格教政的拉喇嘛悉瓦沃也有宗教上的交流，曾写有道歌送给悉瓦沃。[①]米拉日巴一生也收徒众多，其中最著名的就是冈波巴·达布拉结·索南仁钦（sgam-po-pa dwags-po lha-rje bsod-nams rin-chen）。他是今山南地区隆子县一带的达波地方人，1111年前后听闻米拉日巴的大名后，到今日喀则地区的聂拉木县境内的郑地区拜米拉日巴为师，经过十三个月学习后离开米拉日巴独自专修。1121年他在今山南地区的加查县境内建立冈波寺作为主寺，他也因此得名冈波巴。他在冈波寺传法授徒三十年，形成一套融和噶当派的显教理论和噶举派的密教修法，以大手印为特色的新教派，是为达布噶举派。[②]达布拉结早年学法的经历与拉达克也颇有渊源，他出家后的第一位老师玛域洛丹（mar-yul blo-ldan）就是一个从拉达克到达布地区传法的僧人。他在玛域洛丹那里学得了《胜乐》和《大宝六庄严母》等许多灌顶密法。[③]达布噶举后来又分化为四大支派和八小支派，主巴派就是属于噶举派的四大支

---

① 廓诺·迅鲁伯著，郭和卿译：《青史》，第260页。

② 关于达布拉结的生平详情参见廓诺·迅鲁伯著，郭和卿译：《青史》，第271—276页。

③ 廓诺·迅鲁伯著、郭和卿译：《青史》，第272页。

派帕竹噶举之下的一个小支派。

达布拉结最著名的弟子为帕木竹巴·多吉杰布（phag-mol-grub-pa rdo-rje-rgyal-po，1110—1170年），他本人并不出生于卫藏地区，而是出生在东部多康南部金沙江流域的止垄乃雪。1128年他离开家乡前往卫地寻求深造的机会，他初到卫藏的时候，与古格还颇有渊源。早期向他传授《胜乐密续》等众多密法的上师玛·却吉坚赞（dmar chos-kyi rgyal-mtshan），就是后弘期初期古格王室复兴佛教时培养出来的普兰小译师的亲传弟子。多吉杰布在前后藏先后师从萨迦派、宁玛派、噶当派等教派的高僧学习各种教法和理论，历时二十余年，积累了一些名声和知识。在达布拉结的晚年他与向蔡巴一起拜见了达布拉结，得到许多教法，尤其是达布拉结在临终前将本门的特别法门《俱生合和导释》教授传给了他。达布拉结死后他经过一段时间的修炼，将以前所学融会贯通、自成一体，遂于1158年在今山南地区的桑日县境内的雅鲁藏布江北岸一个叫作帕木竹的地方修建了本派的主寺——丹萨替寺。此后一直在丹萨替寺授徒弘法，直至去世。帕木竹巴一生弟子众多，在他死后该派不断分化，最终又形成八个支派。主巴派，以及稍后会涉及的止贡派，都是帕竹噶举派的八小支派之一。

主巴派渊源自帕木竹巴的弟子林热·白玛多吉，出身于后藏的年堆地方的林氏家族。他从小学医，后出家为僧学习《时轮》等密法，后来又破戒成亲。1165年他到丹萨替寺拜见帕木竹巴，得到帕竹大师的赏识，成为大师的弟子。在众弟子中他是所谓的“证悟究竟者”，即是在修行证悟方面成就最高的弟子。他跟蔡巴派的创立者向蔡巴的关系不错，曾经参加过向蔡巴组织的武斗，获得不少钱财。晚年驻锡那浦寺，传法授徒，名噪一时。虽然他在世时已有许多门徒和一定的经济实力。但并未正式开宗立派。主巴派的真正创立者是他的弟子藏巴嘉热（1161—1211年），此人也是出身于后藏的年堆地方，属于嘉家族，故称藏巴嘉热。他幼年时跟随苯教徒生活，1172年和他哥哥一起到藏绒地方学会了噶举派的《拙火定》法门。之后随达塘巴、喀尔咙巴等上师学法，1183年到那浦寺拜林热为师，学到许多灌顶密法，修习大手印和那若六法等噶举派的特别教法，修得许多成就。1193年他从向蔡巴受戒出家，又从向蔡巴学了不少教法。不久他修建了热垅寺（ra-lung），此寺后来成为中主巴系统的主寺。看来他们师徒二人跟蔡巴派的关系都颇为密切。1205年在拉萨附近建立本派的根本寺院——主寺（vbrug），此派也就被称为主巴噶举派。主巴派在创立之初发展很快，藏巴嘉热临终时，有大弟子2800名，一般弟子达10万人，在卫藏地区可谓声威甚著。[①]

① 克珠群佩：《主巴噶举派早期历史简论》，《西藏研究》2003年第3期，第53—54页。

主巴派对阿里地区有特殊的感情，帕木竹巴临终前曾向弟子交代一定要发展神山圣湖地区的传教事业。当时接受遗命的两大弟子，除了止贡派的创始人止贡巴之外，另外一个就是主巴派的奠基者林热。林热在接受师命后，就命他的大弟子藏巴嘉热去完成师祖的遗愿前往冈底斯山修行，其后藏巴嘉热又将在神山圣湖地区发展本派传教事业的重担交给了他最著名的弟子郭仓巴·贡布多吉（1189—1258年）。郭仓巴出生于山南洛扎地区，是藏巴嘉热的高徒，1226年在后藏的协噶尔创建郭仓寺，传法收徒，形成主巴派中的上主巴支系。①他在创建郭仓寺之前曾有一段到一些圣地修证佛法的经历。据《青史》记述，林热巴圆寂后的第二年，他前往喀曲、冈底斯山和那烂陀寺等处安住专修，在喀曲住了三年，②时年二十五岁，然后在冈底斯山和那烂陀寺住了四年，时年二十九岁。③藏巴嘉热圆寂于1211年，也就是说他在1212年前往喀曲，在喀曲待了三年。1214年左右抵达冈底斯山一带修行，继而离开冈底斯山穿越阿里地区进入克什米尔，再到印度那烂陀寺。这一系列的活动一共用了四年时间。

然而此时阿里宗教派系的权势格局对晚到的主巴派来说

---

① 王森：《西藏佛教发展史略》，第141—142页。
② 廓诺·迅鲁伯著，郭和卿译：《青史》，第403页。
③ 廓诺·迅鲁伯著，郭和卿译：《青史》，第406页。

已相当不利，郭仓巴到达神山圣湖地区之时，冈底斯山一带早已是止贡派的天下。止贡派从1191年起就开始了持续不断的西进运动，特别是1215年组织了一支据说有5万多人组成的以古雅冈巴（ghu-ya-sgang-pa）为首的西进僧团进驻冈底斯山。随后在冈仁波齐峰南麓建立了止贡派阿里教团总部——远声寺（rgyang-grags-dgon），并设置“多增”（rdo-rje vdzin-pa）一职统率在阿里的僧众，古雅冈巴成为第一任多增。因此郭仓巴抵达冈底斯山后，止贡派不肯为他提供修炼的山洞，他只好在冈底斯山的空森佛塔度过了一个夏季。他原计划在冈底斯山和玛旁雍错住上三年，并想好好享用一下这里的神圣资源，结果控制了神山圣湖地区的止贡派僧团竟然不准他在这里过冬。[①]看来郭仓巴一入山，就遭到了当时已在阿里人多势众的止贡派的压制。《郭仓巴传》记载了他与在冈底斯山修行的止贡派高僧森格益西斗法时，展示出神入化的法术，似乎比止贡派略胜一筹。[②]然而这个斗法胜利的故事并不能改变主巴派在神山圣湖地区的弱势地位，他只能另觅圣地修行。事实上，相当长一段时间里，主巴派在整个阿里地区的传教成就并不大。

在古格亡国前，除了不丹以外，主巴派在拉达克也取得

① 桑结达波：《郭仓巴传》（藏文版），青海民族出版社，1993年，第60—63页。

② 桑结达波：《郭仓巴传》（藏文版），第65页。

了巨大的成功。在森格南杰的带领下，拉达克王室全都成了主巴派的信徒，主巴派的高僧也在拉达克广泛深入地参与各项军政事务。主巴派传入拉达克的时间很早，但把拉达克彻底纳入主巴派怀抱的正是森格南杰时代在阿里三围传教的主巴派高僧达仓热巴·阿旺嘉措（stag-tshang ras-pa ngag-dbang rgyal-mtsho）。他出生于萨迦昆氏家族，但在教派信仰上，他对萨迦派的兴趣明显不大。他后来成为主巴派在拉萨南边的贡噶地方的大寺——德钦却科寺（bde-chen chos-vkhor）的第一世荣增活佛拉孜巴·阿旺桑波（lha-rtse-pa ngag-dbang bzang-po，1546—1615年）的得意弟子。拉孜巴对阿里三围的宗教事业很有兴趣，曾经吩咐弟子一定要将主巴派的教法在阿里地区发扬光大。1613年起达仓热巴开始了他穿越阿里地区去邬杖那朝圣的旅行，途中他应拉达克南部的桑噶尔第巴嘉措的邀请在该地停留了一阵，时间在1615年前后。当时的拉达克国王绛央南杰知道他在桑噶尔的消息后曾致信给他，试图让他到拉达克来，由于他尚未完成去邬杖那的朝圣之行，所以拒绝了绛央南杰的邀请。第二年，达仓热巴完成朝圣后就到了拉达克，不过前面已经讲过绛央南杰可能就是在1616年左右去世的，因此这位第一次试图将主巴派引入拉达克政治生活中的国王，可能无缘与这位后来对拉达克教派政治的形成产生过关键性作用的高僧见面。[①]

约在1616年，达仓热巴朝圣结束后再次途经桑噶尔进入拉达克境内，最初在拉达克上部地区的嘉地住了一阵。嘉地的许多头人都是主巴派的信徒或支持者，其中有一个叫仲巴第巴的头人还是主巴派的著名高僧第三世主钦活佛白玛噶波（1527—1592年）[②]的弟子。达仓热巴在嘉地传法讲经，声名远播，再次引起拉达克王室的关注。在拉达克王妃才仁的邀请下，他终于进入了拉达克的政教中心赤色地方和谢地开展传教活动。事后他抵达巴果，受到绛央南杰的王后杰可敦和她的儿子人主森格南杰的热情款待，这可能是森格南杰与达仓热巴的首次见面。这次见面达仓热巴与拉达克王太后和国王之间似乎并未就政教合作的问题达成共识，此后不久他就离开了巴果回到嘉地，最后驻锡离嘉地不远的赫米寺讲经说法。在那里他待了三年，直到1620年才率领20名弟子离开拉达克回到卫藏地区。[③]

---

① Luciano Petech: *The Kingdom of Ladakh C.950-1842 A.D.*, p.35；［意］毕达克著，沈卫荣译：《拉达克王国史（950—1842）》，第34页。

② 白玛噶波，意为白莲花，出生在工布的一个地方豪族家庭。他是主巴派主寺热垅寺的第三世主钦活佛，也是主巴派历史上最有成就的学者之一，在西藏他的学术成就与五世达赖齐名。他在1575年写成了西藏历史上第一部教法史名著《白莲教法史》。参见房建昌：《主巴噶举派在西藏的活佛及在国外的发展》，《中央民族学院学报》1990年第1期，第71页。

③ 阿旺贡噶伦珠吐丹格勒迥乃索南坚赞：《达仓热巴传》（藏文版），第26叶正面—27叶正面。

达仓热巴与拉达克王室的首次亲密接触在政治上似乎成就不大，除了一些礼节性的招待之外，他与拉达克王室成员之间并无试图建立政治联系的记载。

这期间他虽然在拉达克境内驻锡长达三年，然而大部分时间都是在从事纯粹的宗教活动。不过这三年的宗教活动似乎也是必须进行的，因为主巴派先前在拉达克的基础并不深厚，确实有必要花些功夫去扩大宗教影响，这或许是他并不急于同拉达克王室建立密切关系的一个原因。而另一个原因可能与当时阿里地区教派势力的发展背景有关，这一时期森格南杰似乎在主导教派的选择上还有所犹豫，有可能是由于当时格鲁派在西部地区的影响力臻于极盛。差不多在达仓热巴抵达拉达克的同时，17世纪前半期格鲁派最有影响力的领袖人物四世班禅洛桑却吉坚赞（1570—1662年）在古格王室的极力邀请之下离开卫藏地区进入阿里古格地区大弘教法，使得格鲁派的影响力在阿里地区达到前所未有的高潮。这一背景肯定对拉达克的宗教政策产生了潜在的影响。

四世班禅在古格声势浩大的宗教活动对于阿里地区诸政权都有一定的吸引力，一向对格鲁派不是特别上心的拉达克政权也似乎为其声势所吸引。班禅在驻锡古格的香孜时，有一些拉达克的信徒前来朝觐，同时他也接到了拉达克国王的来信，邀请他到拉达克去。不过这一邀请被四世班禅拒绝，他没有去拉达克，离开古格后他直接回扎什伦布寺了。[①]正如前面已经谈到过的，1618年前后主巴派的达仓热巴正在拉达克活动，拉达克王室虽然对主巴派显示出一定的兴趣，但对是否最终选择主巴派作为主导教派仍有所犹豫。因为从地区教派格局来看，格鲁派在当时确实处于强势地位，古格自然不用说了，连拉达克控制下的桑噶尔在教派选择上也有很强的格鲁派倾向，桑噶尔王室与格鲁派关系也非常密切。

四世班禅在古格活动前后，格鲁派中至少有两位来自桑噶尔的高僧，即桑噶尔王子仲巴杰曹（drung-pa rgyal-tshab blo-bzang brtson-vgrus rgyal-mtshan）和达普巴·洛桑丹却坚赞（rta-phug-pa blo-bzang dam-chos rgyal-mtshan）。两位王子还都是四世班禅的弟子，尤其是前者在西藏佛教界取得不小的成就，担任过达布扎仓的住持。[②]在如此良好的形势下，四世班禅拒绝前往拉达克可能跟当时卫藏地区格鲁派的乱局有关，他必须回去解救格鲁派的危机。事实上，忽视对拉达克的经略也许是格鲁派最高领导层犯下的最严重的错误。此后拉达克彻底放弃了格鲁派，不久之后正式选择了主巴派成为主导教派，在此后数十年中一直采取敌视格鲁派的政策，对古格地区的格

① 罗桑益喜编著：《第四世班禅传》（藏文版），第114页。

② A.H.Francke, *Antiquities of Indian Tibet: Part II The Choronicles of Ladakh and Minor Chronicles*, p.163.

鲁派利益造成极大的损害。这恐怕是当年一走了之的四世班禅所意想不到的。

格鲁派在古格风光之后就轮到主巴派在拉达克崛起了。1622年达仓热巴再次进入拉达克，在先前打下的良好的宗教基础之上，达仓热巴这次在政治上的影响力迅速上升。跟上次一样，他先到嘉地落脚，得到当地头人的热情款待。然后抵达巴果，这次他对拉达克王室的影响力明显增强，此行他成功激发拉达克王室的宗教建设热情。达仓热巴抵达巴果后，得知已故国王绛央南杰曾开工修建一尊高大的弥勒佛像，但是由于“反叛和动荡”，他的愿望未能完全实现。达仓热巴劝服了拉达克王室完成已故国王的愿望，作为对国王去世的悼念。续建工程于1622年10月19日正式开工，绛央南杰的王后杰可敦为此捐献了大量的黄金和少量的珠宝，1623年6月12日为工程完工举行了开光大典。[①]这一宗教建设工程得以实施，说明达仓热巴在拉达克王室中已拥有了一定的影响力，特别是得到王太后杰可敦的信任，这使得他有机会参与拉达克的王位继承之争。在这场王位之争中，著名的森格南杰暂时失利，不得不将王位交给自己的弟弟罗布南杰。失去王位的森格南杰只好投身于宗教事业。1624年，达仓热巴在旺列修建了气势恢宏的德钦南杰寺，

---

① Luciano Petech, *The Kingdom of Ladakh C.950-1842 A.D.*, pp.40–41；［意］毕达克著，沈卫荣译：《拉达克王国史（950—1842）》，第40页。

作为自己的驻锡之地，该寺后来发展成为主巴派在拉达克的主寺。同年森格南杰发动政变杀死了罗布南杰，登上了拉达克国王的宝座。事后，达仓热巴奉命超度罗布南杰的亡魂。[①]由于森格南杰即位前有一段时间被迫从事宗教活动，这一时期他与达仓热巴可能建立起深厚的情谊，而达仓热巴在这次政变中可能还出过不少力。很明显的是，森格南杰上台后，达仓热巴在政治上得到了重用，在内政外交上非常活跃。

而另一方面，拉达克的格鲁派势力则在森格南杰失势期间对这位后来的国王态度恶劣。据说森格南杰在被迫放弃王位后曾到格鲁派在拉达克的主寺赤色寺寻求避难，但该寺的僧人却将他拒之门外，这使森格南杰个人对格鲁派埋下了怨恨之心。达仓热巴的崛起也意味着主巴派在拉达克强势地位的确立。拉达克选择了主巴噶举派标志着阿里地区教派分隔局面的正式形成，这一结果对阿里地区政治史的演进影响尤大。本来格鲁派作为后起之秀在15世纪初的兴起和迅速发展，已使之前一直占据主流的噶举派各支派心有不甘，不过当时公开与格鲁派为敌并借助政权力量打击格鲁派的是噶玛噶举派。主巴噶举派与格鲁派并无仇隙，双方关系一开始并不恶劣。

早在1622年，达仓热巴在返回拉达克的途中曾路过古格，

---

① 阿旺贡噶伦珠吐丹格勒迥乃索南坚赞：《达仓热巴传》（藏文版），第31叶正面。

当时拉达克正与古格发生战争，他还出面调解双方的矛盾，最后在他的努力下两国实现了暂时的和平。作为调停的回报，主钦活佛让达仓热巴试图恢复主巴派在古格的影响力。达仓热巴向古格王扎巴扎西建议修复冈底斯山和玛旁雍措一带的由古代莲花生大师建造的那些胜迹，结果古格国王由于受了格鲁派的影响拒绝了达仓热巴的建议。因此达仓热巴只在古格首府扎布让待了五天就启程前往拉达克了。[①]这次不愉快的经历肯定使主巴派对格鲁派的态度有所转变。随后主巴派与古格政权之间的武装冲突使局势进一步恶化，从此古格与主巴派的关系几乎达到了势不两立的地步。1624年驻守在冈底斯山娘波日宗（myang-po-ri rdzong）寺的主巴派武装僧团（噶尔巴，sgar-pa）派出冈仁波齐附近的娘波日宗的僧人进入古格境内从事抢劫活动，这一行为使古格政权对主巴派的态度剧变。随后古格政权采取了严厉打击境内主巴派的行动，1627年古格国王派出军队攻占娘波日宗寺，不少驻守在该寺的主巴派僧人被杀，另有80名僧人被投进监狱。这次危机最后靠达仓热巴借助拉达克国王森格南杰的施压才得以解决——古格最后释放了俘虏的主

① 阿旺贡噶伦珠吐丹格勒迥乃索南坚赞：《达仓热巴传》（藏文版），第29叶背面—30叶正面。

巴派僧人。[①]

古格亡国前西藏社会政教关系的恶化

到古格亡国前几年，古格与主巴派走到兵戎相见的地步，已经大大地突破了古格（阿里三围）乃至西藏政治的传统了。自后弘期以来，藏传佛教的教派众多，西藏的世俗政权对于教派势力一直都不会采取“一边倒”的态度，而是广泛地与各个教派搞好关系。既不会在意识形态上完全依赖一个教派，把该政权的政治利益和某一个教派的宗教利益完全捆绑到一起，也不会彻底仇视或敌视某一个教派，运用世俗政权的军政力量去打击一个教派势力。13世纪前期，止贡派在“冈底斯山—玛旁雍错”的神山圣湖区一度势力颇大，当主巴派的高僧郭仓巴到冈底斯山后，止贡派在神山圣湖地区的僧团竟然驱逐郭仓巴。止贡派试图在古格佛教界吃“独食”的行为，引起古格附属的普兰政权的强烈反应。虽然当时止贡派已获得包括普兰在内的古格诸分治政权的大力支持，但对世俗王权而言，止贡派试图排斥其他教派的行为却必须加以警告。一向对止贡派给予巨大支持的普兰王喇钦达查在得知郭仓巴的遭遇后，竟发表了一篇

① 参见Luciano Petech, *The Kingdom of Ladakh C.950-1842A.D.*, p.43；［意］毕达克著，沈卫荣译：《拉达克王国史（950—1842）》，第42—43页。

措辞严厉的讲话：

> 自在大成就者林热巴乃帕木竹巴弟子辈中之殊胜修法者，伊之声名远播，东至恒河皆闻其名。其弟子法主藏巴嘉热亦为证得自在之修法者，其徒众皆小心谨慎，行止极佳，伊等自修本门教法，住于朕之山中证悟大法，尔止贡派众人竟欲将伊等逐走，尔等欲何为焉！地者，朕之地也；山者，朕之山也！[①]

从13世纪初开始，止贡派已与古格、拉达克和普兰等阿里三围的赞普后裔政权建立了广泛的“政治—宗教”联系。据《冈底斯山志》载：“至尊多增与古格法王扎西德赞，塘域王拉钦俄朱衮，普兰王喇钦达查赤巴、南德衮父子结供施之缘，弘法伟业遍及阿里三围。”[②]普兰王喇钦达查在处理止贡派与主巴派争端时的态度表明，当时的世俗政权对于藏传佛教的各教派势力并无明显的偏好，更不希望在自己的地盘上出现某一教派“一家独大”的情况。换句话说，这时的世俗政权虽然与教派势力有深度的合作，但还不愿意跟某一个教派的利

---

① 桑结达波：《郭仓巴传》（藏文版），第66页。

② 贡觉旦增：《冈底斯山志》（藏文版），西藏人民出版社，1992年，第52页。

益捆绑。此时的普兰王仍有普天之下、莫非王土的气概。普兰政权对止贡派试图排挤其他教派唯我独尊的做法加以明确地阻止——“地是我的地，山是我的山”，便是这时世俗政权对教派势力最鲜明的政治态度。

普兰王的教派政策并非个例，从14世纪中期开始成为卫藏地区最主要的地方政权的帕竹第悉政权的教派政策也是如此。帕竹噶举派的创始者帕木竹巴·多吉杰布在创派过程中得到了帕竹地方（在今乃东境内）的豪族朗氏家族（rlangs-lha-gzigs）的大力支持。从1208年起，帕竹噶举派的主寺丹萨替寺的寺主京俄（spyan-snga）[①]就一直由朗氏家族的成员担任。到元代划分十三万户时，朗氏家族又获得了帕竹万户的封赐，世代担任万户长。元末萨迦政权衰落之际，帕竹万户长绛曲坚赞趁机扩大帕竹万户的地盘和势力，逐渐取代了萨迦派的地位执掌卫藏地方政权。1357年元朝中央册封他为“大司徒”，正式承认他卫藏地方领袖的地位。绛曲坚赞自称第悉（sde-srid），开创了西藏历史上的帕竹第悉政权。帕竹第悉政权在崛起过程中与帕竹噶举派可谓是信仰和利益相互捆绑的深度“纠缠态”，在该政权稳定以后的权力安排也是如此：由朗氏家族的

① “京俄”意为“眼前人”。因为丹萨替寺的第一任寺主朗氏家族的扎巴迥乃，曾经追随帕木竹巴的重要弟子、止贡派的创始人止贡巴学法多年，成为止贡巴最亲近的近侍，故而得到这一称号。

核心成员分别出任帕竹第悉政权的首脑——帕竹第悉和帕竹噶举派的主寺丹萨替寺的寺主——京俄。[①]

但帕竹第悉政权的教派政策却是非常开放的，并不像古格亡国前西藏各类地方政权那样在教派政策上具有强烈的排他性。如帕竹政权的第三任第悉扎巴绛曲（1356—1386年），对萨迦派、帕竹派和止贡派的经典都有研习，宗喀巴大师年轻时也曾拜他为师。最著名的例子就是帕竹政权的第五任第悉扎巴坚赞（1374—1432年）对各教派采取兼收并蓄、一视同仁的态度：在他执政期间对宗喀巴大师给予了非常大的支持，资助宗喀巴大师创办了拉萨正月祈愿大法会，格鲁派的三大寺——甘丹寺、哲蚌寺、色拉寺的修建他也出力颇多，可以说格鲁派的兴起与他的大力支持是分不开的。[②]

值得注意的是，同一时期的古格国王南喀旺波彭措德也是如此。从格鲁派方面的史料来看，南喀旺波彭措德对格鲁派在古格的传播和发展做出巨大的贡献，完全是一个格鲁派忠实信徒。《黄琉璃》的记载显示，南喀旺波彭措德在位期间，格鲁派在古格相继兴建了多香木嘎尔却宗寺（do-shang mu-

---

① 参见王献军：《对“政教合一制”定义的再认识》，《西藏研究》2002年第2期，第111—113页。

② 参见熊文彬、陈楠主编：《西藏通史》（明代卷），中国藏学出版社，2016年，第107—111页。

dkar-chos-rdzong）和哲丹寺。[①]他也曾经试图邀请宗喀派的重要弟子、格鲁派的主要领导人（后来被追认为一世班禅）克珠杰·格勒贝桑（1385—1438年）来古格传法。克珠杰的文集中收有克珠杰写给南喀旺波彭措德的信，历来认为是藏族文学作品的名篇，《藏族历代文学作品选》就收录了这封信，题名为“gu-gevi mnga-bdag nam-mkhavi dbang-po phan-tshogs-lde dpal-bzang-por phul-bavi yig-lan”（给古格国王南喀旺波彭措德贝桑波的回信）。[②]但是如果再看萨迦派的史料可以发现，南喀旺波彭措德对萨迦派在古格发展也是大力支持的，尤其是对萨迦派的俄尔支派的创始人俄尔钦·衮噶桑波（1382—1456年）特别敬信。1436年俄尔钦在他的邀请下前来古格传法，两人在普兰会面，最后在俄尔钦的主持下，南喀旺波彭措德在科迦寺出家为僧。[③]可见南喀旺波彭措德崇信萨迦派的同时，也积极接受格鲁派在古格的发展，可以说当时古格的教派政策也具有兼收并蓄的特点。

即便到16世纪以后，古格已经全面倒向格鲁派，对其他

---

① 第悉桑结嘉措:《格鲁派教法史——黄琉璃宝鉴》(藏文版)，第276页；汉译本见索南才让译注:《格鲁派教法史——黄琉璃宝鉴》，第276—277页。

② 参见《藏族历代文学作品选》(藏文版)，青海民族出版社，1988年，第408—411页。

③ 桑结彭措:《俄尔钦传》(藏文版)，收入《亲教道果大释》(藏文版)，印度德拉敦(Dehradun)，1983年，第539页。

教派也是积极给予支持的。据止贡派的史料《冈底斯山志》记载："在法主杰旺热丹之时，多杰增巴那若巴的化身贡噶扎巴来到冈底斯山，施主古格王济登旺秋和普兰第巴索南饶丹奉贡噶扎巴为根本上师，将从前属于止贡派的教产和所有土地重新献给上师。此位多增翻修了远声寺，使远声寺犹如新建一般。普兰前前后后有很多出家人皈依了止贡派。"[①]史料中提到的古格王济登旺秋，即古格国王济登旺秋班噶尔德（活跃期为1540—1560年），法主杰旺热丹即是止贡寺第十七任寺主仁钦平措（1509—1557年）。据《止贡法嗣》记载，仁钦平措在1528年执掌止贡寺政后，曾委派僧众轮换在冈底斯山等三大圣山修行的密宗师。他后来与阿里僧人也时有交往，从阿里持明堆穷多吉处听受了年氏传承八大法行善逝集、上师密意集和北方伏藏，从阿里大班智达听受了许多旧译教法，尤其是听受了八大法行善逝集灌顶修行猛戏噶尔羌姆舞、《大方等大集经》等旧密诸灌顶和密法。[②]同期的拉达克基本上也是如此，16世纪后期的拉达克国王扎西南杰对止贡派非常热情，但派人到卫藏各大寺院朝觐时，除了对止贡寺表示崇敬之外，对萨迦寺、桑耶寺等著名寺院也发放了布施，连格鲁派主寺甘丹寺也没有

① 贡觉旦增:《冈底斯山志》(藏文版),第62页。

② 直贡·丹增白玛坚参著,克珠群培译:《直贡法嗣》,西藏人民出版社,1995年,第157—160页。

遗漏。[①]

但这一时期，西藏政教势力的结合方式也在发生微妙的变化。15世纪中期以后，帕竹第悉的实力和权威日益下降，仁蚌巴家族逐渐掌握了帕竹第悉政权的实权。在这个过程中世俗政治与教派力量的结合日益紧密，某个地方豪族政权与某个教派的利益形成一对一的深度捆绑，最终从兼容式的教派政策走向了排他性的教派政策。仁蚌巴家族的诺布桑波（nor-bu bzang-po，1403—1475年）执政时期，利用帕竹第悉政权内部的矛盾，逐渐控制了后藏大部分地区，并架空了帕竹第悉的权力。但诺布桑波在教派政策上仍然抱有开放性的态度，他虽然对萨迦派表现出特别的热情，为萨迦派修建了多所寺院，扩大了萨迦派的影响力，但同时也礼遇噶举派，支持格鲁派，并不因为对萨迦派的青睐而排斥或打压其他教派。[②]转折发生在15世纪末，在仁蚌巴与帕竹第悉及其属下的各个地方实力派的争权夺利的过程中，西藏的政治势力越来越偏执于某一个教派，结果地方豪族之间的矛盾以教派冲突的形式表现出来。1481年，在噶玛派红帽系的支持和鼓动下，仁蚌巴的首领贡桑巴和顿月多吉率军从后藏攻入前藏，驱逐了支持格鲁派的内乌宗宗本阿旺索南伦波等人，仁蚌巴地方豪族政权与噶玛派结成排他性的政

① 《拉达克王统记》（藏文版），弗兰克版，第39页。
② 参见熊文彬、陈楠主编：《西藏通史》（明代卷），第119页。

教联盟。从1498年到1518年的二十年间，在仁蚌巴措杰多吉执掌帕竹第悉政权的大权时，甚至禁止格鲁派的三大寺——甘丹寺、哲蚌寺和色拉寺参加拉萨的祈愿大法会，体现出一种强烈的排他性教派政策。①

可以说，帕竹第悉政权衰落后，特别是古格亡国前的几十年中，西藏政治文化传统中的这种兼容式的教派政策发生了激烈的突变。当时帕竹第悉政权进一步衰落，卫藏地区的政治力量的竞争和角逐也进一步加剧。在这个过程中，第悉藏巴政权迅速崛起。第悉藏巴政权是由辛厦巴家族所建立的，该家族本来是控制帕竹第悉政权实权的仁蚌巴政权的下属。1548年，辛厦巴·才旦多吉（zhing-shag-pa tshe-brtan rdo-rje）成为仁蚌巴政权属下的后藏桑珠孜宗的宗本。在接下来的几十年中，辛厦巴·才旦多吉先后控制了白朗宗、帕里宗、拉堆绛、拉堆洛等后藏的大部分地方，甚至后来连仁蚌宗也成了辛厦巴家族的领地。如果说仁蚌巴驾空帕竹第悉政权是“陪臣执国命”（语出《论语·季氏》）的话，辛厦巴家族的崛起则是“陪臣的陪臣”在执掌大权了。这时的帕竹第悉政权基本上名存实亡了。②

---

① 参见恰白·次旦平措等著，陈庆英等译：《西藏通史——松石宝串》，第486页。

② 参见熊文彬、陈楠主编：《西藏通史》（明代卷），第130—131页。

到1611年，辛厦巴家族基本上控制了大部分后藏地区，这一年辛厦巴·才旦多吉的孙子辛厦巴·噶玛彭措南杰（karma phun-tshogs rnam-rgyal）就任后藏第悉，正式建立第悉藏巴政权。辛厦巴·噶玛彭措南杰就任第悉后，致力于将自己的势力扩展到前藏。从1612年起，辛厦巴·噶玛彭措南杰挥军东进，先后击败和控制了彭波、内邬、贡噶、雅郊等前藏各地的豪族势力。1618年噶玛彭措南杰彻底击败了控制拉萨的第巴吉雪巴，基本上全面控制前后藏地区，西藏历史分期也通常以1618年为第悉藏巴政权在西藏正式建立统治的时间点。

需要特别指出的是，第悉藏巴政权的崛起过程中有一个非常显著的时代特点：第悉藏巴政权统一前后藏的过程，与各地方豪族势力的争夺，往往伴随着教派之间的斗争。一方面是这一时期前藏各地的豪族势力多支持格鲁派，第悉藏巴政权在前藏的军事行动针对的地方豪族势力与格鲁派关系密切。在打击前藏地方豪族势力的过程中，格鲁派损失惨重，格鲁派在前藏的很多庄园、土地被第悉藏巴政权剥夺。可以说，第悉藏巴政权在崛起过程中还伴随着噶玛派与格鲁派的矛盾和冲突。两派一向不和，而第悉藏巴政权向前藏扩张的过程中，就把世俗政治的利益争夺和教派集团之间的信仰之争纠缠到了一起。政治势力之间的权力之争以教派冲突的名义上演，而教派之间的纷争也已经超出了宗教领域的“斗法”，常常以军事行动或政治强权来解决。另一方面，第悉藏巴政权的崛起得到噶玛派的全力支持和背书。噶玛派早年与明朝中央建立的亲密关系，使其获得了代表明朝朝廷在西藏封授僧俗官员的权力，按藏文史籍《法主历辈噶玛巴传略——如意宝树》的说法："一般来说，除汉地的皇帝以外，其他人无权委派官吏，但是皇帝考虑到汉藏两地距离遥远，所以授权法主得银协巴可以委派法主的拉德和米德的官员，并说皇帝对法主给以支持。"①这样噶玛派的黑帽系活佛就拥有了在西藏代表明朝中央封授僧俗官员的名义。因此噶玛派的授权，成为第悉藏巴政权合法性的来源。代表性的事件就是噶玛派黑帽系第十世活佛却英多吉，在噶玛彭措南杰上台之后，赐给他一方红色玉印，意味着明朝中央承认了第悉藏巴政权对帕竹第悉政权的"改朝换代"。②

噶玛派是藏传佛教史上有着非常重要意义的一个教派，也是噶举派四大支派之一。其创派人是达布拉结的弟子都松钦巴（dus-gusm mkhyen-pa，1110—1193年）。噶玛派在藏传佛教历史上最早开创出"活佛转世"系统，都松钦巴被追认为黑帽系第一世活佛。噶玛派在元、明两代非常积极地参与中原王朝的事务，黑帽系第二世活佛噶玛拔希（karma pakshi，

---

① 拉德为寺院的属民，米德为世俗领主的属民。参见恰白·次旦平措等著，陈庆英等译：《西藏通史——松石宝串》，第495页。

② 参见熊文彬、陈楠主编：《西藏通史》（明代卷），第135页。

1204—1283年）是萨迦派的八思巴在元廷中最有力的竞争者。黑帽系第三世活佛让迥多吉（rang-byung rdo-rje，1284—1339年）曾经两次到大都朝见元朝皇帝，1338年他进京时获得元顺帝册封，成为灌顶国师。黑帽系第四世活佛乳必多吉（rol-pavi rdo-rje，1340—1383年）颇受元顺帝的崇信，1360年他受诏前去大都，在元廷中大传教法。黑帽系第五世活佛得银协巴（de-bzhin-gshegs-pa，1384—1415年）延续了噶玛派与中原王朝的联系传统。1406年他奉诏前往南京朝见明成祖，获封"大宝法王"，成为明代册封的地位最高的西藏政教首领。此后他的法嗣都自称"大宝法王"，成为明廷和西藏政教势力联系的一条重要纽带，这也是噶玛派可以给第悉藏巴政权赋予合法性的原因。①

噶玛派有两大活佛转世系统，除黑帽系活佛转世系统外，还有红帽系活佛转世系统。噶玛派是一个政治敏感度非常高的教派，黑帽系的政治站位很高，与中原王朝的联系非常紧密，而红帽系活佛转世系统则主要是积极参与西藏本土的政治斗争。从15世纪末起，红帽系四世活佛却扎益西（chos-grags ye-shes，1453—1524年）与仁蚌巴政权就结成了政教利益共同体：1481年仁蚌巴政权进攻前藏内邬宗得到了却扎益西的大力

① 参见王森：《西藏佛教发展史略》，第101—111页。

支持，仁蚌巴首领顿月多吉在1490年出资为却扎益西创建了羊八井寺，并为该寺创置了谿卡和属民，羊八井寺此后就成为噶玛派红帽系的主寺。1498年，在却扎益西的鼓动下，控制了拉萨地区的仁蚌巴政权禁止了当时西藏佛教界最重要的宗教活动拉萨正月祈愿大法会——这一法会最初还是由格鲁派发起的，此举在宗教上给格鲁派以沉重的打击。①

仁蚌巴与噶玛派的这种“政教利益共同体”不同于西藏传统政治文化中以往的“供施关系”，因为以往的供施关系是开放的：一个政治势力可以成为多个教派集团的施主，一个教派集团也可以接受多个政治势力的供养。而噶玛派逐渐突破了这个传统，出现了某个政治势力和某个教派集团的利益深度捆绑的供施关系，一荣俱荣，一损俱损。可以说在这个过程中，噶玛派运用自己的文化软实力翊赞仁蚌巴的政治统治和军事扩张；反过来，仁蚌巴也以自己的军事实力助力噶玛派打击格鲁派在西藏的宗教影响。这正是古格灭亡前几十年，西藏各政权出现的排他性教派政策之滥觞。第悉藏巴政权本就脱胎于仁蚌巴政权，在教派政策上沿袭了和噶玛派的联盟关系，特别是和噶玛派红帽系第六世活佛却吉旺秋（chos-kyi-dbang-phyung，1584—1635年）。此人可以说是古格亡国前的几十年中，西藏

① 参见王森：《西藏佛教发展史略》，第117—118页。

佛教界在政治上最有权势的僧人之一。1618年在噶玛派的鼓动下，噶玛彭措南杰攻入拉萨，击败了格鲁派的支持者蒙古喀尔喀部首领楚琥尔派来的蒙古骑兵。而格鲁派的三大寺都在拉萨，此战失败对格鲁派的打击是巨大的。双方结下的仇怨进一步加深，西藏社会形成了第悉藏巴政权与格鲁派上层领袖之间互相谋害的舆论：噶玛彭措南杰患病，被认为是四世达赖喇嘛诅咒所致，而四世达赖喇嘛的死，也被认为是噶玛彭措南杰派人暗杀的。[1]这种政治首领与宗教首领互相以如此不光彩的形式致对方于死地的流言在西藏社会广为流传，是这一时期政教关系全面恶化的表征。

可见古格亡国前与主巴派的紧张关系，以及双方之间的兵戎相见并非偶然，而是整个西藏社会政教关系恶化的大时代下的一个缩影。不过这种政教关系的恶化，不是一般意义上的政治集团和宗教势力之间互相关系的恶化，而是不同的宗教势力与不同的政治集团在深度结合之后形成的政教实体之间的排他性竞争，这进一步造成了西藏社会政教矛盾的激化。

---

① 参见恰白·次旦平措等著，陈庆英等译：《西藏通史——松石宝串》，第643页。

第三章　古格的内乱

古格的灭亡，其实是内乱与外患双重打击下的结果，拉达克军队侵入古格、围攻王城是在古格王室贵族僧侣集团的引导下进行的。而古格的王室贵族僧侣集团之所以发动暴乱，勾结拉达克阴谋推翻古格末代国王赤扎西扎巴德的统治，并不是为了灭亡古格（其领导层本身就是古格的王室成员，不可能想终结古格的王统）。而是因为古格王室贵族僧侣集团的权势遭到以国王赤扎西扎巴德为首的世俗政治力量的打压，所以古格佛教的上层集团试图推翻现任国王，扶植新的符合自己利益的古格国王登上王位。在这个过程中，还有耶稣会传教士在古格宣扬天主教并得到古格国王的支持，从而导致古格政教关系的进一步恶化。有学者甚至认为古格的内乱是因为古格国王“支持天主教、消灭佛教”造成的，并且把这场暴乱理解为黄教

（格鲁派）寺院集团发动和领导的、僧俗群众参加的反洋教斗争。[①]引发古格亡国的内乱的真相到底是什么？古格内乱的出现是因为天主教传教士进入古格激发的一次突发事件吗？换句话说，已经延续了六七百年，并且在亡国之前并没有表现出明显的衰败迹象的古格，它的灭亡是偶然的吗？

第一节　古格亡国前的灭佛运动

按照安夺德在1633年2月14日写给耶稣会总会的信中所述，1630年春安夺德离开扎布让返回果阿后，古格末代国王赤扎西扎巴德突然罹患重病，古格的僧人集团挑起了针对他的武装暴乱。据说这场暴乱已经“经过两年的串连鼓动工作，广大僧人和大部分军官、许多人民群众已不站在古格王一边”，因为国王身染重病，无法亲自指挥军队作战镇压叛乱。同时为了以防万一，古格僧人集团还派人跟拉达克联系，勾结拉达克，借助拉达克的军事力量迫使古格国王退位。叛乱最早是从古格的边远地区爆发的，安夺德信中的说法是，喜马拉雅山区的地方势力最早发动叛乱，之后一些地方实力派也加入了。安夺德

① 伍昆明：《早期传教士进藏活动史》，第226页。

认为这些参与叛乱的地方将领可能本身就是喇嘛。[1]可以说，古格的灭亡是一场由内乱引发的外敌入侵。古格僧人集团为什么会与国王有如此大的矛盾，以至于不惜挑起暴乱，并勾结外敌来结束其统治呢？

王朝末世的替罪羊

按照传教士的说法，在国王的主导下，古格亡国前，特别是1626年到1629年期间，发动了一场全国范围内的声势浩大的灭佛运动。其主要措施有二。一是没收寺院和僧人显贵集团的土地和其他收入，将僧人从养尊处优的寺院中驱逐出来，赶到生活条件艰苦的山中去过苦日子，僧人们甚至到了不去乞求施舍就无饭可吃的地步，这从根本上摧毁了古格僧人集团的经济基础。[2]要知道吐蕃王朝崩溃以后，西藏佛教寺院和僧团的经济保障最早就是由古格王室建立起来的。996年到1004年期间，古格王室兴建了托林寺、科迦寺、达波寺、聂玛寺等大型寺院，同时建立和完善了寺院的经济体系。比如当时古格王室给以托林寺为首的众多境内的寺院封赐了豁卡，每个寺

---

① ［意］托斯卡诺著，伍昆明、区易炳译：《魂牵雪域——西藏最早的天主教传教会》，第331页。

② 伍昆明：《早期传教士进藏活动史》，第223—224页。

院获得了1000克（khal）的农田，此外还视情况而定拥有一定数量的草场、盐池、牧场等。古格的寺院群拥有了自己的不动产，取得可由自己管理的属民，寺院也不得不直接参与世俗事务的打理，大大加强了宗教与世俗政治的联系。寺院获得有自主经营权的土地、牧场、牲畜、农奴等生产资料，僧人的生活就不再依赖于政府的供给，佛教势力就自然有了自主性发展的基础。①安夺德描述的古格国王灭佛的第二个措施，是利用行政手段甚至借助军事强制力打压或剥夺僧人集团在地方的政治影响力。“他（国王）把军官派到各地去，先剥掉僧人的法衣，然后用世俗者取代他们的地方权力”，同时迫令大部分僧人还俗。按照安夺德的说法，古格僧人的数量锐减，从过去的五六千人下降到不足百人，还俗的僧人还被强迫娶妻成家。正是因为对古格佛教集团有如此激烈的压迫、打击活动，才造成了佛教集团的疯狂反扑，在国王病重后发动暴乱并向拉达克求援，最终引狼入室，自毁家国。②

安夺德的描述如果是真的话，古格末年几乎跟吐蕃王朝末年一模一样：王朝灭亡前都发生了由世俗君主发起的旨在消灭佛教的灭佛运动，而灭佛运动又导致了王朝的覆灭。后世由佛教高僧和学者撰写的藏文史籍，在描述吐蕃王朝灭亡的时候，

---

① 参见黄博：《10—13世纪古格王国政治史研究》，第139—140页。

② 伍昆明：《早期传教士进藏活动史》，第223—224页。

一定会大肆渲染所谓的朗达玛灭佛事件。朗达玛灭佛通常包括三个方面的举措：一是毁坏佛教寺院，吐蕃时代的寺院如桑耶寺、大昭寺、小昭寺等都被封禁和破坏；二是大规模地破坏佛像、法器和佛经，或用火烧焚毁，或投入水中加以毁坏；三是大规模地迫害僧人，强令僧人还俗，强制僧人去从事打猎或屠宰等有违佛教信仰的活动。朗达玛的灭佛运动导致吐蕃社会秩序大乱，朗达玛也在佛教徒的反抗中被刺身亡，吐蕃王朝的崩溃从此开启——统一的吐蕃王朝从此陷入王室内讧和奴隶平民大起义的崩解之中。①

对照起来，古格末年的情况与吐蕃王朝的末世何其相似！然而，现代学者大多对所谓的朗达玛灭佛表示高度怀疑。首先是同时代的史料，完全没有所谓的灭佛运动的蛛丝马迹，敦煌吐蕃古藏文文献、吐蕃时代的金石碑铭，都见不到相关的内容，反倒能够找到不少吐蕃末年王室在政治上仍然崇奉佛教的证据。如敦煌古藏文写卷P.T.134《赞普祈愿文》中，有以朗达玛的名义所写的祈愿文，在愿文中赞普本人发愿要新建佛寺和佛塔，修葺旧寺，并祈愿佛法长住不灭。再如敦煌古藏文写卷P.T.999显示，在朗达玛开始灭佛之后的844年，吐蕃统治下的敦煌仍然在为朗达玛的王后和王子举行大型法会，光参加法

---

① 参见张云、林冠群主编：《吐蕃通史：吐蕃卷》（上），中国藏学出版社，2016年，第194—195页。

会的俗人就多达2700人。而且这次法会还得到了吐蕃王廷的授意，有来自宫廷的命令和信件（pho-brang gi mdzad-byang dang vphrin-byang）对法会进行指导，有负责地方佛教事务的“教法大臣”（chos-gyi-gzhi-vdzin）为法会提供物质上的支持。[①]这些同时代的史料表明，直到吐蕃王朝全面崩溃之前，自吐蕃中后期以来形成的佛教政治传统并没有所谓的“中断”。

其次，有关朗达玛灭佛的描写，全是出自后弘期佛教历史书写成熟以后完成的教法史、王统记等著作中，成书时代离吐蕃末年长达数百年之久。大部分描写朗达玛灭佛的史著，如《布敦佛教史》《红史》《西藏王统记》《贤者喜宴》等，都是14—16世纪的著作。特别是在这些教法史、王统记中，朗达玛灭佛活动的内容都极其戏剧化。尤其是朗达玛在大昭寺前被僧人拉隆贝吉多杰刺死的情节，太过玄幻，戏剧化的历史本就高度可疑。所谓朗达玛的灭佛运动只不过是后世佛教史家制造出来为吐蕃王朝的崩溃背锅的替罪羊罢了。[②]事实可能恰恰相反，正如马克思所说的那样：“不是古代宗教的灭亡引起古

---

① 陈庆英：《从敦煌文献P.T.999号写卷看吐蕃史的几个问题》，《藏学研究论丛》第1辑，西藏人民出版社，1989年，第22—27页。

② 对朗达玛灭佛的质疑，参见熊文彬：《两唐书吐蕃传赞普世系及其政绩补证》（下），《西藏研究》1990年第4期；桑木丹·噶尔美著，米松译：《赞普天神之子达磨及其后裔的王统世系述略》，《国外藏学研究译文集》第5辑，西藏人民出版社，1989年，第6—8页；林冠群：《朗达玛毁佛事迹考辨》，《唐代吐蕃史论集》，中国藏学出版社，2006年，第447—463页。

代国家的毁灭，相反，是古代国家的灭亡引起了古代宗教的毁灭。”①

可以与之相印证的是，随着吐蕃王朝的崩溃和社会秩序的混乱，僧人的经济来源中断，佛教寺院失去王朝的保护受到严重破坏，西藏佛教的生存与发展面临重大的危机。与朗达玛灭佛与吐蕃的灭亡相配合的是西藏佛教史家制造的“藏传佛教的黑暗时代”——从吐蕃王朝崩溃到后弘期开始前，西藏佛教史家有意在吐蕃佛教和后弘期的西藏佛教之间制造出一个没有佛法的时代。但事实上在吐蕃王朝崩溃以后，西藏佛教并没有消失或停滞，只是其生存和发展的形式发生了很大的变化，在失去王朝权力的支持和制约之后，开启了野蛮生长模式。这时西藏的佛教从吐蕃王廷以及王室资助的大型寺院转入了西藏民间普通寺院，僧人的主体也从服务王室和朝廷转变到了地方和民间社会，让佛法在家族之间传承，更多地成为一种家族的“财产”。这一时期的西藏佛教形态既不同于吐蕃时代宫廷文化，也不同于后弘期时代的精英文化，因而使得所谓黑暗时期的西藏佛教在形式上空前自由奔放，极具创造性。因此，饱受后弘期规范化了的藏传佛教的诟病，是被后弘期以来的藏传佛教史

① 马克思：《〈科隆日报〉第179号的社论》，《马克思恩格斯全集》（第一卷），人民出版社，1995年，第213页。

家有意回避和遮蔽的内容。[①]

古格王室与格鲁派的交情

现在回过头来细想一下安夺德所谓的古格末年的灭佛运动，可疑之处甚多。首先，安夺德的说法是“孤证”，所有的藏文史料中都见不到古格末年有所谓灭佛事件发生。恰恰相反，藏文史料虽然对古格亡国的过程大多语焉不详，但对古格末代国王赤扎西扎巴德的态度都是正面的，没有像“黑”朗达玛那样刻意去“黑”他。古格末年境内最主要的藏传佛教教派是格鲁派，如果要灭佛的话，格鲁派所受到的打击和迫害应该是最为惨痛的。那些被强令还俗的5000名僧人，以及被没收土地的寺院，绝大多数应该是格鲁派的。但五世达赖喇嘛第悉桑结嘉措在著作《格鲁派教法史——黄琉璃宝鉴》中，对末代古格国王赤扎西扎巴德不但没有微词，反倒对他的亡国遭遇充满同情。把他被拉达克俘虏囚禁委婉地表述成“不由自主地被请去”，而对灭亡古格的拉达克国王森格南杰的评价颇为负面，

① 沈卫荣、侯浩然：《文本与历史：藏传佛教历史叙事的形成和汉藏佛学研究的建构》，北京大学出版社，2016年，第125—169页。

给森格南杰的修饰语是“被五箭所缚的”[①]。所谓五箭（mdav-lnga）指的是欲界六天之一的他化自在天所有的五箭，代表着能醉、能爱、能愚、能瘦、能缚五种欲望。这意味着拉达克国王灭亡古格的行为，是被五种有害的欲望缠身所致。[②]

试想一下，如果古格的末代国王赤扎西扎巴德真的如安夺德所说的那样，曾经发动过如此激烈的灭佛运动的话，拉达克国王森格南杰灭掉古格，是对被打击和迫害的格鲁派的一种及时的解救行动。格鲁派对森格南杰的感情，应该跟将卫藏地区的格鲁派从第悉藏巴政权的打压下拯救出来的固始汗一样才对啊！然而格鲁派高层对古格和拉达克却是肉眼可见的厚此薄彼，他们在感情上明显更亲近古格王室。古格亡国以后，王子洛桑白玛扎西（blo-bzang padma bkra-shis）在1692年来到拉萨，获得格鲁派执掌的西藏地方政府——甘丹颇章政府的优待。第悉桑结嘉措在《五世达赖喇嘛续传》中给了这位古格王子（gu-ge rgyal-sras）一个非常高贵的修饰，称他是“吐蕃法王之后裔”（bod chos-rgyal gyi gdung）。[③]1721年这位古格王子又与托林寺的堪布一起拜见了七世达赖喇嘛，并得到七世达

① 第悉桑结嘉措：《格鲁派教法史——黄琉璃宝鉴》（藏文版），第273页；汉译本见索南才让译注：《格鲁派教法史——黄琉璃宝鉴》，第274页。

② 张怡荪等编：《藏汉大辞典》，第1376页。

③ 第悉桑结嘉措：《五世达赖喇嘛续传》（藏文版），木刻本，第69叶背面。

赖喇嘛的接见，七世达赖喇嘛还给古格王子作了长寿灌顶。三世章嘉活佛在《七世达赖喇嘛传》中也对古格王子尊崇有加，称其为“藏王之清净后裔阿里古格王之子”[1]。第悉桑结嘉措和三世章嘉活佛都是格鲁派高层的重要人物，可以说，他们对亡国后的古格王子的态度完全是把他当“自己人”的。

在古格亡国前，格鲁派在古格传播和发展已有两百多年，基础深厚，信众庞大，遍布各个阶层。古格王室与格鲁派有着数百年的“交情”，古格国王与古格的王室僧人存在矛盾，但对古格佛教的主体——格鲁派其实并无敌意，所谓灭佛运动的基础是根本不存在的。格鲁派在15世纪初传入古格后很快就得到了古格王室的尊奉，古格王室很早就与格鲁派在卫藏地区的上层领导集团建立起了良好的关系。最早试图跟格鲁派上层领导集团建立起直接联系的是古格国王南喀旺波彭措德。南喀旺波彭措德即位后，曾经试图邀请克珠杰·格勒贝桑（1385—1438年）来古格传法。克珠杰是宗喀巴的三大首要弟子之一，也是后世班禅转世系统所追认的一世班禅，在格鲁派广大僧俗信众心目中具有崇高的地位。克珠杰在给南喀旺波彭措德的回信中以诸事从挫、心神散逸为由，婉言谢绝了邀请。虽然不能前去古格弘法，但克珠杰在信中仍不忘嘱咐古格国王：

---

① 章嘉·若贝多杰著，蒲文成译：《七世达赖喇嘛传》，中国藏学出版社，2006年，第61—62页。

君主只要以佛法的慈悲心执掌国政，就能让臣民过上幸福的生活。[1]1484年，古格国王洛桑饶丹亲自到后藏达那（在今日喀则地区的谢通门县境内）的多吉丹寺拜见了年仅九岁的二世达赖喇嘛根敦嘉措（1476—1542年）。洛桑饶丹对当时新兴的格鲁派在西藏佛教界的地位是相当看重的，对二世达赖喇嘛也有很高的期许，赞许他是重新升起的新月——“具有智悲的白色的光华，你是重新升起的新月亮！”[2]

洛桑饶丹的儿子帕巴拉继位后，与格鲁派的达赖喇嘛转世系统仍然保持着联系。二世达赖喇嘛的《全集》中收录了一封标明是写给古格国王帕巴拉（gu-ge bdag-po vphags-pa-lha）的信函，写作地点是在哲蚌寺的寝殿。[3]二世达赖喇嘛跟古格国王的联系很多，《全集》中收录有多封他写给古格国王的书信，除了给帕巴拉以外，其他几封信函都没有写明古格国王的名字。这些信件中，最早的一封应该写于1515年，因为信中点明了写作时间是四十岁时，写信的地点是在扎什伦布寺；[4]最

① 克珠杰：《给古格国王南喀旺波彭措德的回信》（藏文版），《藏族历代文学作品选》（藏文版），第408—411页。

② 五世达赖喇嘛阿旺洛桑嘉措著，陈庆英译：《二世达赖传》，《一世—四世达赖喇嘛传》，中国藏学出版社，2006年，第96—97页。

③ 根敦嘉措：《根敦嘉措书信集》（藏文版），《根敦嘉措全集：第6卷》（藏文版），中国藏学出版社，2010年，第219页。

④ 根敦嘉措：《根敦嘉措书信集》（藏文版），《根敦嘉措全集：第6卷》（藏文版），第216页。

晚的一封则写于1540年，信中明确提到写作时间是“铁鼠年”（kun-ldan-lo），写作地点在曲科杰寺。[①]从时间上来看，收信的古格国王应该是帕巴拉的孙子济登旺秋班噶尔德。1541年济登旺秋班噶尔德还出资给二世达赖喇嘛在曲科杰寺创建了阿里扎仓。1547年三世达赖喇嘛索南嘉措（1543—1588年）在哲蚌寺举行坐床大典，济登旺秋班噶尔德和古格高僧欣达巴联合派出使团前往拉萨祝贺，并给格鲁派捐赠了大量的资财。[②]1555年，济登旺秋班噶尔德派遣使臣尼丹噶居孟兑到哲蚌寺，表示想迎请三世达赖喇嘛到古格驻锡传法。五世达赖在给三世达赖所写的传记中称古格国王济登旺秋班噶尔德为“阿里王拉赞普贡玛”，把古格国王视为吐蕃赞普的正统继承者，给予了古格国王最高的政治荣誉。[③]

古格王室与格鲁派两百年交情的高潮是古格亡国前的1618年，古格举国上下热诚邀请并热情接待了四世班禅洛桑却吉坚赞来访，终于实现了古格王室多年来希望卫藏地区的格鲁派上层领导集团能够亲临古格的夙愿。据《第四世班禅传》所述：

---

① 根敦嘉措:《根敦嘉措书信集》(藏文版),《根敦嘉措全集: 第6卷》(藏文版), 第221页。

② 五世达赖喇嘛阿旺洛桑嘉措著, 陈庆英等译:《三世达赖喇嘛传》,《一世—四世达赖喇嘛传》, 第154页。

③ 五世达赖喇嘛阿旺洛桑嘉措著, 陈庆英等译:《三世达赖喇嘛传》,《一世—四世达赖喇嘛传》, 第170—172页。

去年火蛇年（1617年）的夏天，古格方面派出使者邀请四世班禅前往古格弘法传道，使者大约在第二年春天抵达扎什伦布寺，四世班禅遂应邀启程前往古格弘法。①从15世纪20年代后期古格国王南喀旺波彭措德试图迎请一世班禅克珠杰算起，古格王国在差不多坚持了二百年后终于迎来了格鲁派领袖的到访。四世班禅是15世纪末到16世纪初格鲁派最有影响力的领袖人物和藏传佛教界最著名的佛学大师。这一时期由于三世达赖喇嘛圆寂，四世达赖喇嘛年幼并早逝，四世班禅成为格鲁派中最有影响力的人物和佛学造诣最深的高僧。②土马年（1618年）四月二十三日，四世班禅一行抵达普兰境内的圣湖玛旁雍错，正式开启古格之行。班禅在玛旁雍错边停留沐浴，于次日抵达神山冈底斯山前，然后继续西行，在夏拉扎地方与止贡多增（止贡派驻守在阿里地区的僧团首领）会面；然后继续西行，在五月十三日抵达象雄的白顶地方，与古格方面前来迎接四世班禅的庞大队伍相会。古格方面前来迎接班禅的人员包括古格格鲁派的首领夏仲法王（vbas-drung chos-rje）、和觉卧达波（jo-bo bdag-po）等古格王室高层以及众多的僧俗信众。③

---

① 罗桑益喜编著:《第四世班禅传》(藏文版)，第112页。

② 参见牙含章:《班禅额尔德尼传》，华文出版社，2001年，第15—24页；杨贵明、马吉祥编译:《藏传佛教高僧传略》，青海人民出版社，1992年，第210—242页。

③ 罗桑益喜编著:《第四世班禅传》(藏文版)，第112—113页。

夏仲法王和觉卧达波即是前述《黄琉璃》中提到的、主持迎请四世班禅来访的、古格王室的重量级人物拉尊洛桑益西沃和古格国王南杰桑波德。[①]五月十五日，四世班禅与古格王室一行抵达古格的佛教中心托林寺，应古格僧团领袖夏仲法王之请，四世班禅登上了大译师仁钦桑波的法座，为古格王室及僧俗信众讲经说法。随后，前往古格境内一些其他的重要寺院，如木卡尔却宗寺、芒囊绛曲林寺、达巴扎什伦布寺、香孜寺、热丹强巴林寺传法，并亲自为古格、芒域、日土三地的百名信众主持了近圆戒的受戒仪式。同时还给古格的格鲁派僧团首领夏仲法王拉尊洛桑益西沃封授了“丹白达波”（bstan-pavi bdag-po，意为“教主”）的称号。九月十三日，四世班禅从古格启行，登上返程之路，最后在十一月十三日回到扎什伦布寺。[②]

事实上，末代古格国王赤扎西扎巴德是一个虔诚的格鲁派信徒，这不但得到了格鲁派方面史料的证实，也得到了与古格国王本人有矛盾的主巴派史料的“背书”。据《达仓热巴传》记载，1622年达仓热巴前往古格的神山圣湖地区朝圣时发现拉达克与古格正在交战。达仓热巴参与了双方停战的调停事宜，

① 第悉桑结嘉措:《格鲁派教法史——黄琉璃宝鉴》(藏文版)，第273页;汉译本见索南才让译注:《格鲁派教法史——黄琉璃宝鉴》，第274页。

② 罗桑益喜编著:《第四世班禅传》(藏文版)，第113—114页。

但最后没有成功，因为达仓热巴试图借机让古格支持修复主巴派在神山圣湖地区的废弃寺院，而古格国王赤扎西扎巴德是一位格鲁派的信徒，拒绝了他的这一请求。①另外，由于藏传佛教在整个西藏已经盛行数百年，西藏的统治者对佛教的态度绝不可能出现像安夺德说的那种极端行为。何况古格还是上路弘法的发源地，诞生了拉喇嘛益西沃、大译师仁钦桑波等西藏佛教的重要人物，也形成了迎请阿底峡大师等众多高僧弘法的光荣传统。尽管当时西藏社会的政教利益共同体出现了高度的排他性，如前所述在古格亡国前，西藏确实出现过不少的政治势力对教派势力采取扶持一派打压另一派的政策，如仁蚌巴和第悉藏巴政权对格鲁派的打击。但即使如此，做出“灭佛”这样的举动也是不可能的。因为他们在打压一派的同时，也在扶持另一派，但无论哪一派，都是佛教徒。如仁蚌巴和第悉藏巴政权虽然打压格鲁派，但也大力支持噶玛派的发展，不可能对整个佛教采取消灭的政策。因此在这样的政治文化氛围之下，即使是在打压某派时，统治者对被打压的教派中的高僧也会给予一定的尊重。如第悉藏巴虽然对格鲁派极尽打压之能事，但对四世班禅还是一直给予了应有的礼遇和尊重。

古格的情况也是如此，即便后来因为教派冲突的原因，古

① Luciano Petech, *The Kingdom of Ladakh C.950-1842 A.D.*,p.42；［意］毕达克著，沈卫荣译：《拉达克王国史（950—1842）》，第42页。

格与主巴派关系紧张，但古格国王赤扎西扎巴德还是经常会给主巴派的高僧达仓热巴一些“面子”。如1624年，主巴派与古格发生直接的武装冲突，双方甚至兵戎相见。为报复主巴派的军事骚扰，1627年古格军队攻陷主巴派在神山圣湖地区的基地之一——娘波日宗，主巴派的一些武装僧人被杀，另有80多人被俘下狱。即便关系已经紧张到如此程度，古格国王赤扎西扎巴德仍然接受了达仓热巴的调解，释放了被俘的主巴派僧人。此后，大约是1628年，不丹的主巴派僧人袭击古格，被古格军队击败，又有80多名主巴派僧人被俘。这些被俘的僧人，最后也是在达仓热巴的调解之下获释了。[①]

古格灭佛的真相

安夺德虽然确实是最早深入西藏，并在古格有过长期传教活动的传教士，但他是否真的具备准确描述古格实际情况的能力？答案是安夺德拥有这种能力的可能性是很小的。从安夺德留下来的有关古格的书信和报告来说，他对古格以及西藏社会的很多描述都是不靠谱的。比如他自述在古格舌战群僧，以自己是唯一一个能够解释“六字真言”真义的人而令古格众僧折

① 阿旺贡噶伦珠吐丹格勒迴乃索南坚赞：《达仓热巴传》（藏文版），第31叶背面—32叶正面。

服。他说自己在古格多次遍问群僧“六字真言”的真义是什么的时候，居然没有一个僧人能够告诉他。而他最后告诉古格的僧人们，“六字真言”的意思是“上帝，饶恕我的罪过吧！”古格国王的弟弟，也是古格最有权势的僧人首先表示信服，之后他又到处对人宣扬这一解释，并且夸耀说“就这样，我把毒素变成了天药。所以今天许多人背诵这句话时都记住了我解的意思”。[①]“六字真言”在藏区人人念诵，可谓家喻户晓，用天主教式的救赎来理解“六字真言”当然是牛头不对马嘴。但这个故事里最不靠谱的是古格居然没有一位僧人能够解释六字真言的含义，这不得不让人怀疑安夺德描述的内容有多少是可信的。事实上，对于耶稣会传教士的一面之词，往往不值得轻信。传教士们有时为了争取罗马总会的支持，故意夸大传教成就的事在近代的传教历史中可谓屡见不鲜。

虽然耶稣会在传教过程中早就形成了严密的通信汇报制度，但通过书信汇报的情况往往是靠不住的。比如1587年日本的驱教事件中，耶稣会传教士虽然明白丰臣秀吉驱教的原因在于传教士所宣扬的异质文化对日本传统文化中的神道和佛教的冲击，会危及日本社会的政治结构与生活形态；但传教士弗洛伊斯在给耶稣会总会的报告中则故意把事件的原因归结为丰臣

---

① 伍昆明:《早期传教士进藏活动史》, 第213页。

秀吉纵情声色的人格缺陷。在如此严峻的形势下，他还在自欺欺人地认为日本发生的驱教事件的事态即将缓和。而事实上耶稣会总会也知道，很多时候传教士报告中的主观构想与客观事实之间存在着巨大的差异。这一点往往会使很多刚从总会到东方各国传教点的耶稣会传教士们大为吃惊。①当然，有时候传教士在汇报当地情况时的这种夸张的效果并不完全是主观上有意为之，很多时候也可能是由于对当地的语言、历史、文化等方面有理解上的困难而造成的扭曲解读。

事实上，安夺德自己也承认他的藏语水平很差，连一些基本词汇的理解都成问题。他在1626年8月15日的一封信中说，他在给古格人宣讲天主教教义“三位一体”的时候，在解释上存在着一定的困难，主要是因为“还没有掌握他们语言（即藏语）中解释这些内容的必要词汇，比如：人、自然、晒佛出游、忠诚、圣宠等”。这导致古格的喇嘛们经常以他不通藏语为由不屑与他辩论，安夺德在报告中抱怨：“他们有时讲一些我听不懂的话，每当如此，我就叫他们解释，但他们要我先学会西藏语言，然后才可以同他们进行讨论。”②虽然他

① 参见戚印平：《远东耶稣会的通信制度：以1587年丰臣秀吉传教士驱逐令的相关记述为例》，《世界宗教研究》2005年第1期，第83—97页。

② ［意］托斯卡诺著，伍昆明、区易炳译：《魂牵雪域——西藏最早的天主教传教会》，第170—171页。

津津乐道于古格国王和王后被他的传教说辞所吸引，但他也不得不承认："他们（古格国王和王后）对我们所讲的一切不能完全明白，因为我们的对话要经过三道翻译，而这些翻译人员对我们谈及的内容又知之甚少。"①于是，他在报告中解释自己传教成果暂时进展不大的原因时也把语言不通作为重点，"如果短短几个月做的一切还未结出果实的话，这不是这块土地的过错，而是这块土地未经耕耘，是我们没有掌握他们的语言"。②因此，可以毫不夸张地说，安夺德在对古格情报的收集和整理的过程中——即把从当地打探到的各种消息进行整理和分析的工作中，难免会有不少"脑补"的内容。

安夺德所描述的古格亡国前的灭佛运动，很有可能是对这一时期古格与主巴派的紧张关系和武装冲突的夸张和曲解。前面已经论述过，从1627年起，先是娘波日宗的一些主巴派的武装僧人被古格军队镇压，一些僧人被杀，一些被投入监狱；接着又有不丹的主巴派僧人侵扰古格的其卓等地，遭到古格军队反扑，最后也有一批僧人在冲突中被杀，一批僧人被俘收监。这在时间上正好对应了安夺德所说的古格国王实行灭佛运动的时间线——安夺德讲述的古格灭佛运动的高潮就发

① ［意］托斯卡诺著，伍昆明、区易炳译：《魂牵雪域——西藏最早的天主教传教会》，第87页。

② 伍昆明：《早期传教士进藏活动史》，第116—117页。

生在1627年至1628年。这些消息从前线传回古格后，可能被安夺德所获知，但他对其中教派冲突的“关节”恐怕是不得要领的。他把古格军队打击在古格境内搞破坏的主巴派武装僧人的军事行动，夸张为一场针对所有佛教徒的“灭佛运动”。如所谓“国王又打击了其余的僧人，他把军官派到各地去，先削掉僧人们的法衣，然后用世俗者取代他们的地方权力”（安夺德写于1627年8月29日的信中所言），[①]反映的可能就是古格军队攻陷主巴派在神山圣湖地区的基地娘波日宗一事。安夺德之所以会有古格已开始大规模地“灭佛运动”的感受，可能也与他一直以来给耶稣会总会报告他在古格取得了巨大的传教成果有关。他相信古格国王不但已经接受了天主教的信仰，并且还试图以天主教全面取代佛教（这应该也是安夺德的一种臆想，参见后文的详细分析），这对传教士来说是一种非常有吸引力的前景。在长期自我陶醉的氛围之下，他很自然地会把古格对主巴派的打击幻想成天主教在古格的春天即将来临，因为在他看来，古格佛教的毁灭就是天主教在古格成功的意外之喜——“如果这块土地（古格）上有人反对我们的神圣信仰，那他们只能是这里不计其数的僧人。国王决定取缔他们，这一决定出

① ［意］托斯卡诺著，伍昆明、区易炳译：《魂牵雪域——西藏最早的天主教传教会》，第324页。

乎我们的意料。”[①]

第二节　古格政教关系的结构性矛盾

如前所述，安夺德所谓的古格灭佛运动既然不可能真的发生过，那么古格的僧人集团为什么会在1630年挑起反对国王的暴乱呢？从安夺德的描述中可以看到，古格国王与喇嘛王弟之间确实长期存在着矛盾，安夺德在1626年8月15日的报告中转述了国王对喇嘛王弟的不满情绪：“我对我的这位弟弟没有多大的信任，我怀疑他对我的爱戴是否出于真诚。我有确实的证据证明他并未给予我应有的爱戴，他有他自己的特别动机。”[②]另一封写于1627年8月29日的信件中，安夺德讲述了喇嘛王弟在去年（1626年）曾经一次性发展了100多人出家为僧。面对喇嘛王弟所领导的僧团的急剧膨胀，古格国王向安夺德表达了对喇嘛王弟的强烈不满，“如果他的兄弟照此继续下去，王国就难以募集到战争所需的足够士兵”。[③]这些记载表明古格内部的世俗政治势力和佛教教派集团的关系的确颇为紧

---

① 伍昆明:《早期传教士进藏活动史》,第222页。

② ［意］托斯卡诺著,伍昆明、区易炳译:《魂牵雪域——西藏最早的天主教传教会》,第179页。

③ C. Wessels, *Early Jesuit Travellers in Central Asia 1603-1721*, p.76.

张，特别是执掌国政的国王和执掌教权的喇嘛王弟之间存在着直接而尖锐的利益冲突。事实上，古格王室内部政教关系的结构性矛盾才是造成古格内乱的根本原因。

天主教在古格的幻象

在讨论古格内部政教关系的结构性矛盾之前，需要首先拨开传教士们制造的迷雾：即古格国王接受了天主教，并已经开始在古格推行扶持天主教以全面取代藏传佛教的国策。这实际是把古格国王与喇嘛王弟的矛盾转化为天主教与藏传佛教的矛盾，从而为天主教在古格传播受阻找到了合理解释的同时，安夺德等人也找到了在古格亡国的描述中强行给自己"加戏"的方法。因为在这样的叙事逻辑中，他不但成为古格末年政治生活中举足轻重的角色，而且还是古格末年最大危机的制造者，是古格的灭亡无法回避的人物。在安夺德等人的信件和汇报中，他们在古格短暂的传教活动所取得的成果简直是"逆天"的成就。首先，古格国王和王后在第一次听到安夺德宣讲天主教的教义后就被天主教所吸引，此后经常召见安夺德听取他关于天主教教义的讲解。古格国王对传教士的生活非常照顾，经常赏赐大量的生活用品给传教士享用。古格国王表现出对天主教的强烈依赖，特别是对安夺德本人的依恋和信赖：比如在安夺德返回阿格拉为下一步在古格的传教工作做准备的时候，古格国王不愿他离开。为了挽留安夺德以及保证安夺德能够尽快返回古格，古格国王答应了他提出的在古格传播和发展天主教的许多要求。这些情况都是安夺德在1624年11月8日的信件中汇报的内容[①]，而他到达古格的时间是1624年8月，也就是说他到古格后短短两三个月就动摇了古格国王数百年的藏传佛教信仰传统。

在古格国王的支持下，安夺德等传教士在古格首府扎布让建立了西藏历史上的第一座天主教教堂。1626年4月在古格国王和朝廷重臣的亲自关怀之下开始了天主教堂的征地、拆迁和修建工作。在1626年8月15日一封信件中，安夺德还说，古格国王向他表示了受礼成为天主教徒的意愿，国王“多次对我们说，他一旦得到足够的教义知识，就立即做一名基督教徒”。古格国王也经常就一些重大事件咨询安夺德，如是否另立新王后的问题。据安夺德的说法，正是因为他的劝告，古格国王最终拒绝了喇嘛王弟废黜现任王后另立新王后的动议。而且在他天才般的宣传努力下，天主教在古格境内获得了广泛的信众基础，安夺德夸耀说：“我们不仅得到了这种自由（传教自由），而且还应他们的请求宣讲福音；耶稣的圣名不但已家喻

① 伍昆明：《早期传教士进藏活动史》，第137—138页。

户晓，而且已经得到了人们的敬仰，圣像已受到了人们的顶礼膜拜；我们圣洁的救世标志也得到了人们的尊崇，他们都非常虔诚地和高兴地佩戴了我们的十字架。”①

安夺德描述的天主教在古格传播和发展的成就看起来是那么的波澜壮阔，可惜这些描述跟所谓的古格灭佛运动一样，也是孤证——还都出于传教士的“一家之言”。其中有多少是真实的描述，多少是夸张的臆想，由于没有别的史料可资印证，已成一桩无头公案。藏文史料对于古格亡国的记载几近空白，更不要说从中找到天主教在古格传播的描写了。天主教在古格末年是否像安夺德所说的那样获得如此巨大的成就，其实是非常值得怀疑的。比如古格国王和王后对天主教的信仰是否真的像安夺德相信的那样热烈，正如上一节所论证过的：古格国王赤扎西扎巴德在藏文史料中是一个虔诚的格鲁派信徒，不可能放弃藏传佛教改信天主教，事实上即便是安夺德等传教士提供的说法也是如此。尽管站在传教士的角度，安夺德渲染了一幅古格国王已被天主教征服的“美好”前景，但古格国王始终没有接受洗礼成为一名真正的天主教徒。古格亡国后，来到古格查探情况的阿则维多给出的解释是国王虽然盼望成为天主教

---

① ［意］托斯卡诺著，伍昆明、区易炳译：《魂牵雪域——西藏最早的天主教传教会》，第186页。

徒，接受洗礼，但因为“他非法同居，所以圣洗推迟”。[①]事实上由于语言障碍的关系，阿则维多跟安夺德一样对藏传佛教的描述和理解十分浅薄，古格国王和王后也不可能真正了解到多少天主教的教义。正如安夺德自己也承认的那样——“他们（古格国王和王后）对我们所讲的一切不能完全明白，因为我们的对话要经过三道翻译，而这些翻译人员对我们谈及的内容又知之甚少”。[②]

此外，尽管安夺德在信件中夸耀自己的宣教成就显著——“耶稣的圣名不但已家喻户晓，而且已经得到了人们的敬仰”。但“家喻户晓”“人人敬仰”的天主教在古格却并没有多少真正的信众。1627年11月10日，安夺德的同事安鸠斯（Alano Dos Anjos）神父在给果阿的耶稣会会长的报告中承认：其时古格的受洗人数很少，只有12人。直到1635年8月30日，科勒斯玛（Nuno Coresma）神父在给果阿的耶稣会会长的信中仍然说，由神父们完成的受洗人数不超过100人。阿则维多所说的人数是400人，可能包括了扎布让及其周边地区。[③]但不论哪个数据，天主教在古格发展出来的教徒都不算多，完全

① 伍昆明：《早期传教士进藏活动史》，第164页。

② ［意］托斯卡诺著，伍昆明、区易炳译：《魂牵雪域——西藏最早的天主教传教会》，第87页。

③ 伍昆明：《早期传教士进藏活动史》，第163—165页。

不足以撼动格鲁派以及整个藏传佛教在古格的地位。事实上，古格国王对天主教的兴趣以及对安夺德等传教士表现出来的热情，纯粹是因为当时的西藏是一个宗教氛围特别浓厚的地方。当时西藏的各种政教力量对于天主教的传教活动都比较宽容，这可能使得长期处于“非此即彼”的西方宗教环境中的传教士们产生了误会：认为西藏的统治者只要对他们的传教活动表示重视和关心，就是有意改投天主教的门下。比如同时期也有传教士前往不丹和后藏地区活动，比较不丹和后藏地区传教士发给耶稣会的信件和汇报，可以跟古格的情况进行类比分析。可以说，安夺德对古格传教形势大好的判断很大程度上是开了“传教士滤镜”的结果。

1627年3月，耶稣会孟加拉地区的马拉巴教省的传教士卡塞拉（P. Estevao Cacella）等人抵达不丹，当时的不丹法王接见了他们。在听到他们前来是打算传播天主教后，不丹法王表达了对他们传教的重视，并且对传教士们提出了学好语言以便更好地交流的要求，还表态同意传教士在不丹开展传教活动。同时法王还把自己的住处让给传教士们居住，并在生活上给予极大的优待和照顾。[①]更有意思的是，当不久之后卡塞拉发现在不丹传教不可能有什么突破，打算离开不丹时，不丹法王的

---

① 伍昆明:《早期传教士进藏活动史》，第271页。

表现跟古格国王一样，极力想挽留他们。卡塞拉跟安夺德一样也趁机提出了一些要求，只不过最核心的诉求，即让不丹法王改信天主教的愿望没有得到满足。在这一点上，不丹法王是明确拒绝的，卡塞拉在信中说："我们经常给国王讲述有关主的事情，国王总是非常高兴地听讲。我们发现，他对我们神圣信仰的理解，同我们存在很大的差异，他对我们的东西经常表示不快和冷淡。"[①]这段话的前半部分，跟古格国王一样，只是后半部分，因为不丹法王的身份跟古格国王有着本质的不同，他对天主教有鲜明的立场，才使得卡塞拉不会对不丹法王产生不切实际的幻想。这位不丹法王正是前文提到的阿旺南杰，他除了是不丹的实际统治者以外，还是主巴噶举派的第十八任教主和第十四世主钦活佛。他在后藏地区被第悉藏巴政权打压和排挤，于是南下不丹传法，开创了南主巴传承，并运用自身宗教首领的身份整合不丹各方势力，历经艰难，最终才成为不丹的统治者。[②]因此不丹法王的权力和地位都来自藏传佛教首领的身份，是绝对不可能改信天主教的。即便如此，不丹法王也给予了传教士们极大的礼遇，如果不是不丹法王本身就是藏传佛教主巴派宗教领袖的话，卡塞拉大概率也会像安夺德一样，对不丹法王抱有最终成为天主教徒的幻想吧。

---

① 伍昆明:《早期传教士进藏活动史》，第275—276页。

② C.T.Dorji, *History of Bhutan Based on Buddhism*, pp.71–89.

最能说明问题的是耶稣会传教士与第悉藏巴政权的交往。1627年底至1628年初，卡塞拉及其同事卡布拉尔先后从不丹抵达日喀则，得到了第悉噶玛丹迥旺波的热情接待。1628年7月28日卡布拉尔的报告中显示，第悉本人对传教士的到来非常有兴趣，十分认真和满意地听取了传教士的汇报，并且还鼓励他们学好藏语，方便双方以后可以经常交谈。卡布拉尔所汇报的初次见面的套路跟安夺德和卡塞拉几乎一模一样。同样地，第悉本人对传教士也非常优待，经常给传教士送去食物，提供优厚的生活和居住条件，经常接见传教士。卡布拉尔在报告中还提到第悉本人在谈话中表现出对藏传佛教的不满："藏王藐视喇嘛，并批评喇嘛们是些坏家伙。"同时又对天主教表示出极大的兴趣，在传教士给他宣讲教义的时候，频频点头称是、随声附和，大有抛弃藏传佛教改宗天主教的可能。更有意思的是，第悉藏巴政权的佛教首领（应该即是前面提到过的噶玛派红帽系六世活佛却吉旺秋）还代表第悉本人出面颁布了要全体臣民好好学习天主教教义的敕令——"国王的大喇嘛还给我们看了一道敕令，上面说我们圣教的教义是最好的，大家都要好好学习它，因为它对拯救灵魂有好处。国王看了这道敕令后，立即在上面签了字"。[①]这些描述与安夺德描述的古格国王的

① 伍昆明:《早期传教士进藏活动史》，第285—287页。

情况几乎是一个模子刻出来的。古格的情况由于可资印证的资料太少而不好说，但第悉藏巴政权是当时西藏最主要的政治势力，其本身的情况相当清楚，所以可以很明显地看出传教士们的说辞有一种臆想出来的乐观情绪。

第悉藏巴政权对卡布拉尔等人的热情接待不过是西藏长期以来浓厚的宗教氛围下的一种常态。这种宗教上的宽容，让习惯了残酷的宗教斗争的欧洲传教士们误以为对天主教表示友好，就是要改变自己原有的信仰。第悉噶玛丹迥旺波对喇嘛的批评可能表达的是对格鲁派的不满（当然，以传教士们当时对藏传佛教的粗浅了解，大概是分不清格鲁派和噶玛派的），不意味着他要彻底否定整个藏传佛教信仰。第悉藏巴政权有所谓的五大功绩，其中第一条就是信奉、尊崇和弘扬佛教。藏文史籍《藏堆杰波传》中说："第悉藏巴为服事佛陀教法，依照护持佛法法王的例规行事，规定出家人不向他敬礼，并迎请数万名僧人到王城桑珠孜，为三次大会的僧众供给斋饭，礼敬供养，并堆积金银、珠宝、装饰品、绸缎、马匹、铠甲、铁、蔗糖、羊毛、染料、茜草、盐、粮食等物品，对僧众作大布施，给每个僧人每年提供口粮和衣物，供养他们。"[①]同时，第悉噶玛丹迥旺波更是一个狂热的噶玛派信徒，他是前面提到的第

① 恰白·次旦平措等著，陈庆英等译：《西藏通史——松石宝串》，第647页。

悉噶玛彭措南杰之子，噶玛彭措南杰死后，于1621年继任第悉之位。他在位期间也是奉行大力扶持噶玛派以打击格鲁派的政策，在扎什伦布寺附近兴建大寺以魇镇格鲁派。至于噶玛派红帽系六世活佛却吉旺秋对传教士示好的言行，不过是对传教士的一种拉拢姿态，身为第悉藏巴政权的宗教首领和藏传佛教噶玛派的活佛，怎么可能真的去推广天主教呢！

乐观的臆想不能代替惨淡的现实。卡布拉尔报告中非常有前景的后藏传教事业，在随后的几年中其实完全没有发展起来。1632年卡布拉尔自己也不得不撤离日喀则，耶稣会在后藏的传教尝试也彻底结束。事实上，传教士的书信报告大多容易在宗教热情的支配下盲目乐观、脑洞大开，古格的故事并不特别。1579年耶稣会派往远东地区的视察范礼安抵达日本后震惊地发现，之前在日本的传教士书信报告的、天主教在日本的传教前景与实际情况天差地别。当年12月5日他在向总会长的报告中感叹，过去有关日本传教情况的报告“离事实有多么遥远”；另一位差不多同时抵达日本的神父墨西阿（Lourenco Mexia）则在12月14日的信中抱怨之前日本的传教士只会报喜不报忧，以致大家都对日本的传教事业产生了极大的误解。范礼安等人还分析了造成这种巨大反差的原因是最初到达日本的传教士语言不通，与当地人交流不畅，进而不熟悉当地文化，在面对一些表象的时候，容易产生幻想：如“把表现在某一个人身上的极小之善描写为人人皆备，将发生于某一场合之事记录为整个日本的现象”，以至于新传教士阅读这些报告和亲履其地的感受有天壤之别。最典型的例子就是在日本的传教士的书信中曾报告，他们一抵达日本后就有一批信众蜂拥而至要改宗天主教，表现出对天主教的巨大的灵性和热情。但实际上这些当地人只是奉了当地领主之命前来，而当地的领主也只是因为听说可以从传教士那里得到好处，才让这些手下来欢迎传教士和表示接受天主教的。[①]这样的误会在古格应该也经常发生。

喇嘛王弟与古格的拉尊传承

拨开了天主教在古格的“迷雾”后，我们可以来仔细看看古格亡国真正的内乱是怎么回事了。按照安夺德的说法，古格亡国的内乱是古格国王和喇嘛王弟的矛盾激化造成的。古格国王因为喇嘛王弟在一天之内招收100多人为僧，严重侵害了世俗领主的利益，于是没收了喇嘛王弟的一些土地，削减了他的一些收入，并且威胁喇嘛王弟要解除其武装。面对国王的打压，以喇嘛王弟为代表的古格格鲁派上层集团的应对策略集中在两方面：一方面，他们利用自己掌握着古格社会的文化解释

① 戚印平：《远东耶稣会的通信制度：以1587年丰臣秀吉传教士驱逐令的相关记述为例》，《世界宗教研究》2005年第1期，第89页。

权，大搞舆论战。在他们的宣传鼓动下，古格的僧俗百姓对国王的不满情绪被挑了起来，这是他们在煽动拉达克出兵干预时，劝说森格南杰“可以不带许多人马，也无需战斗，就可以进入王国的大门，因为人民的大多数都同他们站在一起”的底气之所在。另一方面，联合古格的地方豪族势力发动反对国王的武装叛乱，安夺德的报告中说：“造反是从离中心较远的地区开始的，喜马拉雅山区的一些害怕会遭到打击的地方长官首先起义，继他们之后，一些实力较强的军官也加入了反对国王的队伍，公开造反，这些军官可能也是喇嘛。”[①]可见，古格格鲁派上层领导集团煽动的叛乱，在古格的边远地区得到了地方豪族的响应。

安夺德所说的边地叛乱，跟《达仓热巴传》的说法颇可参证。《达仓热巴传》中讲述古格亡国时提到在铁马年（lcags-pho-rta-lo，即1630年）时，古格的曲木底的首领（chu-mur-ti-pa）发动叛乱，将古格的农区和牧区的所有地方（bod-vbrog kun）都敬献给了拉达克国王森格南杰。曲木底首领的行为在藏文原文中被描述为“vbangs-gyen-log”，意即“臣民反上”。[②]其性质完全符合安夺德的边远地方长官起兵叛乱的描述，而且

① 伍昆明:《早期传教士进藏活动史》，第227页。

② 阿旺贡噶伦珠吐丹格勒迥乃索南坚赞:《达仓热巴传》（藏文版），第33叶上。

曲木底恰好就位于古格边地的喜马拉雅山区，位置在今札达县西北部喜马拉雅山脉东侧的曲松乡一带，距扎布让王城有200多公里。曲木底首领应该也是出身于古格王室，传说以前在曲木底有一座象雄时代遗留下来的古老而雄伟的城堡，叫作“喜足不朽城”。不朽城在古格时期成为当时的边境重镇，因为经常遭到桑噶尔边民的侵扰，古格国王分封自己的亲属驻守喜足不朽城，设置守城官，称为“卡尔本”（mkhar-dpon），后来卡尔本及其后代逐渐成为曲木底地区的世系豪族。

图5　古格王城与曲木底的地理位置示意图

曲木底首领因为主动投靠了拉达克，古格亡国后他应该继续保留了原来的地盘和权力。清初西藏地方政府收复古格故地后，曲木底首领的地盘和权力再次获得承认。甘丹颇章政府册封曲木底首领为“曲木底本”，成为清代阿里地区最著名的“四宗六本”之一。曲木底在古格地方豪族势力中一向以军事实力强大著称，在清代，曲木底本的职权就具有很强的军事性。当有外敌入侵时，他就会成为边防部队的指挥官，甚至可以得到清代西藏地方政府的阿里总管的委托，担任阿里军队的统帅与敌人作战。[①]因此，曲木底首领绝对有实力起来造古格国王的反。《达仓热巴传》的说法是，曲木底首领造反后，投降了拉达克国王森格南杰，并将古格的农区和牧区献给了拉达克，森格南杰出兵围攻扎布让的王宫（rtsa-rang gi pho-brang）。安夺德的说法是边地军官造反后，是古格格鲁派领导集团派人请拉达克国王率军前来古格搞军事干涉的。实际的情况应该是两者兼而有之，即古格格鲁派领导集团与古格的地方豪族势力联合起来反对古格国王的统治。

最后，古格末代国王在围城战进入相持阶段后，失去了继续作战的信心，放弃抵抗，出城投降，也是因为古格格鲁派领导集团施展的攻心之计。安夺德的信件中说，拉达克军队围攻王城不下之际，是在以喇嘛王弟为首的古格格鲁派领导集团反

---

① 参见黄博：《四宗六本：甘丹颇章时期西藏阿里基层政权初探》，《中国藏学》2016年第2期。

复劝说之下，古格国王才决定放弃抵抗出城投降的。[1]除了喇嘛王弟以外，据《达仓热巴传》的说法，还有一位古格王室出身的格鲁派僧团领导人法主阿那（chos-rje A-na）也参与了劝降活动。当时达仓热巴奉命前往扎布让，当他抵达之后发现，古格的"觉达波"（jo bdag-po，即觉卧达波"jo-bo bdag-po"的简称）已经接受了法主阿那的劝说，同意投降了。[2] 这位法主阿那在《黄琉璃》中出现在多香的木噶尔却宗寺的"历代上师"（bla-rabs）名单里，他排在拉尊洛桑益西沃之后，全称为"法王后裔阿那法主"（chos-rgyal gyi gdung A na chos-rje）。他应该是在拉尊洛桑益西沃之后成为该寺的住持的，他拥有"法王后裔"的称号，大概也是出身于古格王室。但他在王室的血缘关系可能与现任国王比较远，所以没有获得"拉尊"的称号。多香位于今札达县扎布让乡的布林村，在扎布让王城的西边不远处，直线距离只有10公里左右，是王城附近的一个重镇，是著名的多香城堡遗址所在地。木噶尔却宗寺是由一世班禅克珠杰的亲传弟子、大成就者官觉贝衮（dkon-cog dpal-mgon）所建。[3]所以说，由在多香的、古格王室出身的木

---

① 伍昆明:《早期传教士进藏活动史》,第231页。

② 阿旺贡噶伦珠吐丹格勒迥乃索南坚赞:《达仓热巴传》(藏文版),第33叶上。

③ 第悉桑结嘉措:《格鲁派教法史——黄琉璃宝鉴》(藏文版),第276页;汉译本见索南才让译注:《格鲁派教法史——黄琉璃宝鉴》,第277页。

噶尔却宗寺的住持出面调停也是古格国王能够接受的人选。

古格亡国前内部矛盾确实很严重，但并不是天主教与佛教的矛盾。如果抛开安夺德等人对传教前景的主观性的乐观描写，可以说亡国前天主教在古格社会的实力和影响力都是微乎其微的。喇嘛王弟领导的僧人集团的暴乱针对的是古格国王，目的是要推翻古格国王赤扎西扎巴德的统治，古格亡国的根本原因正是古格独特的政教关系的结构性矛盾。和同时代其他政权的“政教班子”不同，古格的政教领导结构非常特别。我们可以先简单地回顾一下当时西藏的政治势力，特别是世俗政权的政教领导结构的一般模式，比如当时拉达克的政教领袖是国王森格南杰和主巴派的高僧达仓热巴：森格南杰作为国王，是拉达克的军政权力的执掌者；而达仓热巴作为宗教领袖，是国王森格南杰的精神导师和国事顾问，因此达仓热巴在拉达克的军政事务中也发挥着重要的作用。而第悉藏巴政权也是如此，第悉噶玛彭措南杰、噶玛丹迥旺波先后和噶玛派红帽系六世活佛却吉旺秋“搭班子”。一方面，这种政教领导结构中，世俗政权的统治者与藏传佛教的教派领袖是相互尊重、互惠互利。国王/第悉尊重活佛/上师的宗教地位，活佛/上师也尊重国王/第悉的政治地位；国王/第悉借重教派首领的宗教影响力加强自身统治的合法性，提高政权的政治美誉度，活佛/上师也依靠国王/第悉的支持和资助，提升和发展本派的实力，兴建寺院、扩大僧团。所以古格亡国后，拉达克完成了对阿里三围的军事征服，第悉藏巴政权建立起了对卫藏地区大部分地方的统治；而主巴派则迅速成长为拉达克最有势力的教派，噶玛派则在卫藏地区与格鲁派的竞争中一度占据上风。另一方面，这种世俗政权首脑和教派首领构成的政教领导结构又是权位分明、共生共存的，具有较好的稳定性。即国王/第悉和活佛/上师各自的权力地位是不可能互相取代的，政教双方的领袖人物各自拥有不同的权威属性和权力来源，国王/第悉不可能取代活佛/上师宗教首领身份，活佛/上师也不可能取代国王/第悉政权首脑地位。比如森格南杰的军政实力再强大，他也不可能成为主巴派的活佛和上师；达仓热巴在拉达克的影响力哪怕再大，他也不可能具有吐蕃赞普后裔的血统而成为拉达克的国王。

然而古格亡国前的政教领导结构却与当时西藏社会的主流模式大为不同。从形式上看，古格与拉达克、第悉藏巴政权没有明显的不同，如拉达克与主巴派结合、第悉藏巴政权和噶玛派结合，古格则和格鲁派结合。但差别却是，古格的格鲁派的领袖人物不是一般意义上的宗教首领，而是古格国王的叔父或者兄弟，也就是安夺德说的“喇嘛王弟”。格鲁派在古格的传播和发展与王室成员的关系非常密切，早期格鲁派在古格的中坚力量就是王室成员。如格鲁派在初传古格之际，就由所谓的古格法王后裔扎西沃德、赤南杰沃和释迦沃三兄弟迎请宗喀巴大师的亲传弟子阿旺扎巴到古格传法的故事：扎西沃德、赤南杰沃、释迦沃三人成为阿旺扎巴的支持者，在阿旺扎巴传法之时，接受了阿旺扎巴提出的“王者的坐垫应低于上师坐垫”的规定，主动放低姿态积极接纳格鲁派的教法进入古格王室，大大提高格鲁派僧人的社会地位，阿旺扎巴在古格传法才能够最终打开局面。[①]

从16世纪中期开始，由古格国王的兄弟出任古格格鲁派寺院和僧团的领袖就成了一种惯例。当时的古格国王济登旺秋班噶尔德（已知其活跃年代为1540—1560年）和他的两个兄弟绛央巴（vcam-dbyangs-pa）、恰多尔（phyag-rdor）都是格鲁派的虔诚信徒和赞助人。《黄琉璃》的记载是三兄弟一起为格鲁派修建了新寺院，给二世达赖喇嘛根敦嘉措敬献礼品和出资创建了著名的阿里扎仓。其中恰多尔应该是出家的僧人，托林寺历代寺主名单中有一个叫作法主恰多尔贝桑（chos-rje phyag-rdor dpal-bzang）的人，应该就是古格国王济登旺秋班噶尔德的这个弟弟，他应该是古格格鲁派最早的喇嘛王弟。[②]恰多尔拥有“法主”（chos-rje）头衔，这通常是对纯粹的宗教首领的尊称，而托林寺是古格历史最悠久，也是规模最大、政教地

---

① 第悉桑结嘉措：《格鲁派教法史——黄琉璃宝鉴》（藏文版），第272页；汉译本见索南才让译注：《格鲁派教法史——黄琉璃宝鉴》，第273页。

② 第悉桑结嘉措：《格鲁派教法史——黄琉璃宝鉴》（藏文版），第274页；汉译本见索南才让译注：《格鲁派教法史——黄琉璃宝鉴》，第275页。

位最高的寺院，自15世纪初阿旺扎巴在古格传法成功以后，就已经成为格鲁派在古格的权力中心了。恰多尔以法主之尊担任托林寺的主持，是古格格鲁派事实上的最高领袖。

《黄琉璃》的记载显示，济登旺秋班噶尔德有两个儿子，分别是阿吉旺秋（ngag-gi-dbang-phyug）和拉尊喜饶沃色（lha-btsun shes-rab vod-zer）。拉尊喜饶沃色是古格晚期第一个获得“拉尊”头衔的王室僧人，古格萨让的南杰孜寺（rnam-rgyal-rtse）的历代住持名单中有他的名字。此外，他的名字还出现在多香的木嘎尔却宗寺（mu-dkar-chos-rdzong）、香孜的朗嘎寺（lang-ka chos-sde）等古格格鲁派的重要寺院的住持名单中。从此“拉尊”成为古格格鲁派僧团领导集体的核心，每一代古格国王都有至少一位兄弟出家成为格鲁派的僧人，并成长为古格格鲁派的领袖。如古格国王阿吉旺秋和拉尊喜饶沃色之后，还出现过两对这样的“搭配”，分别是古格国王赤南喀旺秋（khri nam-mkhavi dbang-phyug）和他的兄弟拉尊洛桑丹白尼沃（lha-btsun blo-bzang bstan-pavi nyi-vod），以及古格国王赤扎巴旺秋德（grags-pavi dbang-phyug-lde）和他的兄弟拉尊洛桑益西沃（lha-btsun blo-bzang ye-shes-vod）。[①]这样，古

① 第悉桑结嘉措：《格鲁派教法史——黄琉璃宝鉴》（藏文版），第274—275页；汉译本见索南才让译注：《格鲁派教法史——黄琉璃宝鉴》，第275—276页。

格的政教领导班子就形成了古格国王与喇嘛王弟这样迥异于拉达克和第悉藏巴政权的政教领导结构。

可见，古格国王所面对的喇嘛王弟并不是一个人，而是一群人，即古格的拉尊集团，因此古格内部的矛盾并不是简单的兄弟之争。早期古格王室就有王子出家为僧的传统，益西沃时代古格王位继承法的文件中就有关于古格王室成员出家的明确规定——“立君之法云何？若王子众，则储君外余皆出家为僧。若赞普出家为僧，须持守戒律；若治事之赞普绝嗣，则于出家之宗子中择立新君”。[①]事实上，吐蕃王朝的崩溃，其直接原因就是继承人危机，就是王室内部的权力分配机制的不稳定性导致的内讧引发的吐蕃社会的大乱。前文已经论述过吐蕃赞普后裔政权最大的危机就是王室内部不断的分裂与分化，那么古格让储君之外的王位继承人都出家为僧，一方面可以避免本王系的领地被分割得越来越细，另一方面又可以充实王室在古格佛教界的领导力量，可谓一举两得。但这一权力分配机制又产生了新的问题，就是王室内部的分裂虽然不再以裂土分疆的形式出现，却产生了一种新的分裂形式，就是政教领导集团的分裂。这给古格造成了严重的内部危机，图齐早就注意到，分别代表僧俗利益的兄弟阋墙成为王国毁灭的主因也未

① 关于早期古格的王位继承制度改革，参见黄博：《10—13世纪古格王国政治史研究》，第132—135页。

一定。[①]

出家为僧的王子成为拉尊，依靠高贵的出身和丰富的政治资源的加持，他们在僧团中拥有天然的优势，可以非常迅速地成长为僧团的领导，成为古格宗教界的最高领袖。以拉尊洛桑丹白尼沃为例，他作为国王的兄弟，身份高贵，地位显赫，可调动大量的社会资源。在他领导古格格鲁派时期，仅扩建哲丹寺一项工程就已令人瞩目，《黄琉璃》详细记载了他主持哲丹寺工程扩建情况：

> 在哲丹寺从中到右次第建造了时轮金刚、集密、不动、文殊金刚、观自在菩萨、黑、红、威严阎罗王、不动佛、无量寿佛。在左边修建了洛、铃、黑三胜乐金刚、喜金刚、大轮明王、伏魔金刚、普明大日如来等坛城，共计佛殿十七座。在楼上建造了药师佛殿。下了每年的神变月为各仪轨的修供月，其余月则以上品举行供祭的规定。[②]

---

① ［意］图齐著，魏正中、萨尔吉主编：《梵天佛地：第三卷-西藏西部的寺院及其艺术象征》（第二册—扎布让），上海古籍出版社，2009年，第83页。

② 第悉桑结嘉措：《格鲁派教法史——黄琉璃宝鉴》（藏文版），第274页；汉译本见索南才让译注：《格鲁派教法史——黄琉璃宝鉴》，第275页。

更重要的是，作为喇嘛王弟，他与古格格鲁派是互惠互利的：古格格鲁派可以从他那里获得大量的资源以兴建寺院、扩大僧团，使格鲁派成为古格最具优势的教派；反过来，拉尊洛桑丹白尼沃自然也获得了古格格鲁派的衷心拥护，成为一系列重要寺院的负责人。《黄琉璃》记载，由他担任座主或堪布的古格格鲁派寺院就有托林寺、洛当寺、达巴扎什伦布寺等，这些都是古格格鲁派最重要的寺院。[①]其中，托林寺始建于996年，是古格历史最悠久和宗教地位最高的寺院，著名的拉喇嘛益西沃、大译师仁钦桑波都曾经驻锡此寺；洛当寺的历史虽然不如托林寺悠久，但地理位置非常重要，位于王宫附近洛地方的高地上，与王室关系密切。

尤其是古格亡国前，古格格鲁派的领袖拉尊洛桑益西沃的权势恐怕并不比国王低。拉尊洛桑益西沃是拉尊洛桑丹白尼沃的侄孙，他的父亲是古格国王赤尼玛旺秋（khri nyi-ma dbang-phyug），赤尼玛旺秋的父亲就是南喀旺秋（拉尊洛桑丹白尼沃的兄弟）。按照《黄琉璃》给出的晚期古格王统世系，古格的末代国王赤扎西扎巴德可能是他的侄子或侄孙。拉尊洛桑益西沃的兄弟是古格国王扎巴旺秋德。扎巴旺秋德的儿子是古

---

① 第悉桑结嘉措：《格鲁派教法史——黄琉璃宝鉴》（藏文版），第273—276页；汉译本见索南才让译注：《格鲁派教法史——黄琉璃宝鉴》，第274—276页。

格国王赤南杰扎巴桑波德，赤扎西扎巴德是在赤南杰扎巴桑波德之后成为古格国王的，他们二人的关系不清楚，有可能是父子，也有可能是兄弟。拉尊洛桑益西沃不但是托林寺的座主，还兼任哲丹寺、洛当寺、南杰孜寺、芒囊寺等大多数古格境内的格鲁派寺院的住持，1618年四世班禅访问古格期间，他以古格格鲁派首领的身份接待了班禅。《第四世班禅传》中称他为“夏仲法王”（vshabs-drung chos-rje），他的古格格鲁派领袖的地位还得到四世班禅的认证，班禅离开古格前授予他“bstan-pavi bdag-po”的称号，这个头衔的字面意思就是“佛教之主”“教主”。[①]所以，古格亡国前，其政教领导结构中宗教首领的权重明显过高，古格的政教领导体制内在的结构性矛盾就很明显了。像拉尊洛桑益西沃，既是古格王室的核心成员，又是现任国王的长辈，还是与古格结成政教联盟的教派格鲁派在古格的宗教领袖。更重要的是，古格的政治首领和宗教首领之间的相互依赖性明显低于拉达克和第悉藏巴政权。古格的宗教首领在政治上拥有超然的地位，他不但是王室的核心成员，也是国王的长辈，他当然不可能成为国王，但在王室成员中“谁更适合当国王”这一点上拥有很大的发言权。安夺德所描述的喇嘛王弟掀起的针对古格国王赤扎西扎巴德的叛乱中，

① 罗桑益喜编著:《第四世班禅传》(藏文版)，第113—114页。

就有大量的关于现任国王不适合当国王的宣传。如说古格国王之所以得病是他犯了错误所遭到的惩罚，因为背叛了古格一直以来的佛教信仰，与拉达克交恶，导致兵连祸结。古格国王赤扎西扎巴德显然已失去了继续做国王的资格。[①]所以古格的宗教首领在政治上拥有挑战国王的权威，这就导致了古格政教领导结构中的权力失衡。

更为麻烦的是，在这个权力失衡的结构里，政治首领与宗教首领的利益关系也演变成了一种竞争关系。古格的宗教首领除了是王室核心成员以外，更是格鲁派在古格的领袖，拥有格鲁派庞大的寺院、僧团的支持以及全民信教的文化软实力，古格的宗教首领由此拥有了独立于古格国王之外的权力来源。反过来，古格的宗教首领也成为古格格鲁派的利益代理人，维护的是格鲁派在古格的利益，他和格鲁派才是利益共同体，而不是和他的兄弟古格国王。而且在具体的世俗利益上，双方还是此消彼长的对立竞争关系。如安夺德等人所描述的，古格国王对喇嘛王弟的不满，公开激化为古格国王对喇嘛王弟的打压，正是因为喇嘛王弟在一天之内招收了100多名平民出家为僧。双方在古格的利益是竞争关系，在这里表现得特别明显。正如古格国王所担心的那样，古格格鲁派僧团的扩张，必定会

① 伍昆明:《早期传教士进藏活动史》，第227页。

减少古格政府的纳税人口和兵役人口，破坏古格王权的统治基础——“国王说，如果他的兄弟照此继续下去，王国就难以募集到战争所需的足够士兵”。①

而事实上，古格格鲁派经过两百多年的发展，在古格是极具实力的存在。格鲁派与古格佛教已经建立起了稳定的人才培养机制，可以源源不断地给古格的佛教界培养和输送人才，比起大多数教派主要依靠派遣卫藏大寺的高僧大德前往边地传法的模式，格鲁派在古格的本土化做得非常好。早在济登旺秋班噶尔德时代，在古格王室的支持下，格鲁派就建立起了古格本地僧人同卫藏地区主寺之间的佛教人才寺院教育体系。1541年，古格国王济登旺秋班噶尔德提供巨资，由二世达赖主持，在曲科杰寺创建了专门供阿里僧人学法的“阿里扎仓”：“（曲科杰寺的）第三扎仓阿里扎仓，在杰喇嘛的转世——班钦根敦嘉措六十六岁之时，阿里法王济登旺秋班噶尔德和大臣阿旺南杰奉献了许多珍宝财物以及多如鹅群的僧人在曲科杰寺创建了这一扎仓，因此而得名，且有附属庄园。”②曲科杰寺是二世达赖喇嘛根敦嘉措在1509年创建的一座格鲁派的重要

---

① ［意］托斯卡诺著，伍昆明、区易炳译：《魂牵雪域——西藏最早的天主教传教会》，第140页。

② 第悉桑结嘉措：《格鲁派教法史——黄琉璃宝鉴》（藏文版），第334页；汉译本见索南才让译注：《格鲁派教法史——黄琉璃宝鉴》，第341页。

寺院，位于今山南地区的加查县北部的崔久乡。该地一向被认为是一处宗教秘境，寺旁的神湖拉姆拉喇错更是闻名全藏，历代达赖、班禅的转世灵童的寻访必定要到此湖来观湖影以确定灵童的方位。[①]阿里扎仓建成后，二世达赖喇嘛根敦嘉措委任自己的弟子持藏者丹巴达桑为阿里扎仓的首任主持，阿里扎仓的创建为古格的格鲁派僧人进一步深造提供了教学体制上的保证。

到了古格王国的晚期，在长期的、大规模的寺院改宗、翻新和新建的过程中，遍布古格各地的格鲁派寺院体系已经形成。托林寺、洛当寺和哲丹寺位于古格王城附近，是古格格鲁派的寺院体系的中枢所在，其住持通常是古格最有名的高僧或最有权势的王室僧人。其他的寺院则主要分布在古格的一些重要城堡或重镇的所在地。一是围绕在王城周围的寺院，如扎布让东南方向上的重镇芒囊，有绛曲林寺；扎布让西南方向的多香城堡，有木嘎尔却宗寺等。二是在朗钦藏布（象泉河）南岸的古格南部地区，以王城为中心呈现东西线状分布的寺院，往东在扎布让东南方不远处的达巴，有仿照日喀则的扎什伦布寺修建的达巴扎什伦布寺；往西在扎布让的西北方、朗钦藏布的南岸的萨让地方，有南杰孜寺等。三是在朗钦藏布以北的古格

① 杨辉麟：《西藏佛教寺庙》，四川人民出版社，2003年，第240—241页。

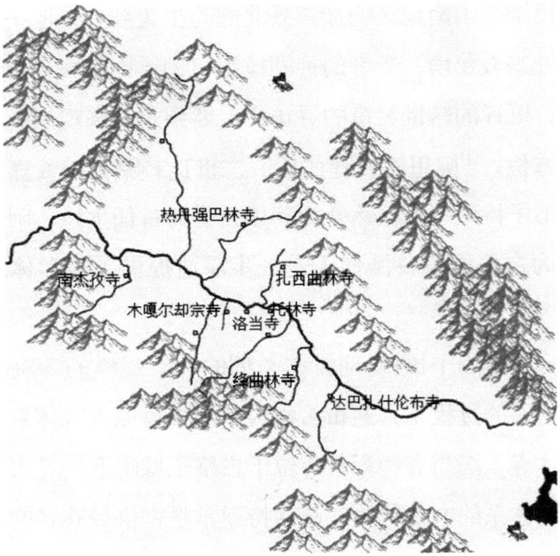

图6　古格境内格鲁派主要寺院分布示意图

北部地区，位于朗钦藏布各个支流的河谷地带深处的寺院，如扎布让以北稍偏东的东嘎，有扎西曲林寺；扎布让以北稍偏西的香孜有热丹强巴林寺等。[①]显而易见，格鲁派寺院在古格的核心地区的布局是相当完备的。这也就意味着古格国王实际上是被格鲁派的势力所包围的，这无疑一方面会加深古格国王对喇嘛王弟的猜忌和不满，进一步激化双方的矛盾；另一方面，

① 古格格鲁派的寺院分布情况可参见古格·次仁加布：《阿里文明史》（藏文版），西藏人民出版社，2006年，第173—336页。

以喇嘛王弟为首领的古格格鲁派上层集团也有足够的实力挑战和反抗古格国王的打压。古格内部政教关系的恶化，不是一般意义上的政治集团和宗教集团的利益冲突，而是古格王室内部的权力分配机制造成的结构性矛盾，以政教关系恶化的形式展开。

结　语　古格的落幕

古格亡国前后，对于阿里与卫藏来说都是一个大动荡的时期，更是一个开创新时代的重要时期。这一时期格鲁派在古格和卫藏地区的发展都可谓大起大落，但最终的结果却是在众多藏传佛教教派中，格鲁派战胜了各种政教势力并建立起以格鲁派教团势力为核心力量的甘丹颇章政权，结束了古格和卫藏地区自吐蕃王朝崩溃以来的分治割据局面。另一方面，这一时期阿里地区的政教局势也日益激烈，拉达克与古格这两个阿里地方政权因为政治利益和宗教派别而产生分歧，加上古格内部政教关系的结构性矛盾大爆发，最终导致了古格的亡国。但这只是古格灭亡的表象，古格的灭亡实际上是一个旧时代的结束，那就是西藏政治的吐蕃遗产已经到了彻底退场的时候。842年吐蕃王朝末代赞普朗达玛·乌冬赞死后，两位王子沃松和云丹的争位斗争引发内乱，导致统一的吐蕃王朝在青藏高原的统治崩溃。此后，王室后裔分治各地，其中沃松一系本来据有山南一带，但其子贝柯赞死于叛乱后，山南地区渐为云丹的后裔占据，贝柯赞的两个儿子都往边地发展。长子赤扎西孜巴贝一支发展出所谓的“下部三德”，其中最有影响力的是形成“贡塘王朝”，以及主政恰萨（墨竹工卡一带）的雅隆觉卧王系。次子吉德尼玛衮西进象雄故地，形成阿里王系，该王系影响力最大的正是拉达克王系和古格王系。①

吐蕃王朝崩溃以后，西藏社会陷入长期的混乱之中，一度无法实现社会秩序的恢复，最终卫藏地区政权重建的主要形式是地方贵族结合藏传佛教的教派力量，打造出一批政教合一的区域性政权。这个过程中，君主制这一政体形式在卫藏核心区基本上无法立足。藏文史籍中后吐蕃王朝时代的历史，就是赞普王权的衰落史，随着内外局面的持续恶化，赞普王权在藏族社会颇有威信扫地之感。在《朗氏世系灵犀宝卷》中有一个很值得关注的观念，朗氏家族的祖先绛曲哲桂（968—1076年）在给子孙的教诫里，居然说出了下面这段颇有些“大逆不道”的言语。他先说了“谁拥有地盘，他就是那个地方的主人；部落首领大公无私，就是地方上的主人”，然后得出“勇士成

① 陈庆英、张亚莎主编：《西藏通史》（宋代卷），第14—22页。

为主人就是赞普（dpav bo sa bdag vdzin pa btsan po yin）”的结论，更在后面强调“谁善于守住地盘，谁就有赞普的世系（yul vdzin shes na btsan povi rgyud）”。[①]这些话说得如此直白，简直是中原乱世时代所谓的“天子者兵强马壮者为之”（语出《新五代史·安重荣传》）的西藏版了。吐蕃王朝的崩溃把王权政治带入了困境，此后君主制只能在藏族社会苟延残喘。

君主制整体式微，不可能成为西藏社会主流政治体制的发展方向，众所周知，这一时期与王权的衰落形成强烈对比的是佛教势力主导的政教合一体制的蒸蒸日上。一方面，早期的地方贵族利用自己的财力获取佛教知识，为自己赢得社会声誉。另一方面，地方贵族又将自己的财力投入寺院兴建中，形成以本派教法为核心、以本派寺院为中心的区域性政教合一的准政权组织。古格亡国后，由格鲁派一手打造了西藏历史上最成熟的政教合一制的政权组织形式——甘丹颇章政权。拉达克以军事征服古格，古格仍然还有“翻盘”的机会，因为古格的王室还在，一旦局势有变，古格的复国也不是不可能。事实上，最后是甘丹颇章政权决定了古格的命运。

古格在亡国以后，并非一夜消失，古格王室的重要人物直到18世纪中期才最终消失在西藏历史之中。拉达克对古格王

① 大司徒·绛曲坚赞：《朗氏家族史》（藏文版），西藏人民出版社，1986年，第74—75页。

室并没有赶尽杀绝，《达仓热巴传》记载：古格亡国后，古格国王父子（bdag-po yab-sras）要求前去卫藏避难，遭到拉达克国王的拒绝，古格国王和王子及其重臣（dpon-gyog）20余人一起被送往列城软禁；在列城他们还是获得拉达克国王的优待，拥有一处宽敞舒适的住处，古格王室在亡国后仍然延续了相当长的一段时间。火猪年（me-phag-gi-lo，即1647年）拉达克国王还把王后的妹妹嫁给了古格王子为妻。[①]尽管古格国王及其兄弟最后都死在了拉达克，但古格王室的正统继承人此后还一直活跃在古格和西藏的历史舞台之上，并以“古格王子”（gu-ge rgyal-sras）之名著称于世。《五世达赖喇嘛续传》记载，古格亡国后最后一位王子名叫洛桑白玛扎西（blo-bzang padma bkra-shis），他在1692年来到拉萨，得到甘丹颇章政府的优待，[②]长期住在拉萨，期间他也有可能经常回古格。1721年他与托林寺的堪布一起觐见了七世达赖喇嘛，给七世达赖进献金银等大量财物，得到七世达赖的款待。[③]另外，在阳火龙年（1736年）9月举行的天降法会期间，古格王子再次向七世达赖喇嘛敬献供养，“古格王子和阿里诺颜公、阿里三围

① 阿旺贡噶伦珠吐丹格勒迥乃索南坚赞：《达仓热巴传》（藏文版）第33叶正面。

② 第悉桑结嘉措：《五世达赖喇嘛续传》（藏文版），木刻本，第69叶背面。

③ 章嘉·若贝多杰著，蒲文成译：《七世达赖喇嘛传》，第61—62页。

之贵族等具办顺缘，由南杰扎仓念诵显宗经典为喇嘛祈寿，并奉献大批财物供养，设宴款待”。这次活动中，还有吐蕃赞普后裔达巴王母子来拜见七世达赖，这位达巴王应该也是达巴地方的古格王室后裔。[①]可见在古格亡国百年之后，古格王子仍然在古格故地颇有影响力。只不过可惜的是，古格末代王子洛桑白玛扎西没有子嗣，他死后古格王统的直系后裔的传承就此终结。[②]

古格亡国之后，古格人也没有消失，古格旧臣罗布仁钦（nor-bu rin-chen）曾经试图借助蒙古人的力量反抗拉达克的占领统治。阳土虎年（sa-pho-stag-lo，1638年），罗布仁钦联合游牧在柴达木一带的蒙古部落首领楚瑚尔喇嘛杰布（cho-kur lha-ma skyabs）率军进攻拉达克统治下的卓雪（dro-shod）和古格其卓（gu-ge phyi-vbrog），这些地方都是后藏与阿里的交界地带。结合后文提到罗布仁钦在1642年离开冈仁波齐的描述，大致可以推测罗布仁钦的反抗基地应在神山圣湖地区。面对蒙古军队的突袭，拉达克国王森格南杰立即亲自带兵反击，楚瑚尔喇嘛杰布的蒙古军队大败溃逃，罗布仁钦等人一度

---

① 章嘉·若贝多杰著，蒲文成译：《七世达赖喇嘛传》，第160—161页。

② 有关最后一位古格王子的情况，参见Luciano Petech, *The Kingdom of Ladakh C.950-1842 A.D.*,p.45；[意]毕达克著，沈卫荣译：《拉达克王国史（950—1842）》，第46页；[意]伯戴克著，周秋有译：《十八世纪前期的中原和西藏》，西藏人民出版社，1987年，第103页。

被俘，后被拉达克释放。[1]事实上，联合蒙古势力，参与西藏内部的斗争是17世纪30年代西藏政治的新风尚。当时，在噶玛派的积极联络下，蒙古喀尔喀却图汗、察哈尔部林丹汗和康区的白利土司顿月多吉与第悉藏巴政权结成反格鲁派的政治联盟，使得格鲁派陷入了空前的困境。后来，格鲁派依靠与蒙古的传统宗教联系而取得和硕特部固始汗的支持，双方结成政教联盟，才将局势根本扭转。1637年固始汗进军青海，消灭了却图汗的势力；1640年固始汗大军又攻灭了康区的白利土司，然后进军西藏；1642年攻陷第悉藏巴政权的政治中心桑珠孜（日喀则），控制了卫藏大部分地区。格鲁派依靠蒙古和硕特部的军事力量，最终建立起统治整个卫藏地区的甘丹颇章政权。[2]

1642年，趁卫藏政权易代之际，拉达克将罗布仁钦从冈仁波齐驱赶到宗噶（rdzong-dkar），但这反倒给罗布仁钦进一步加强与卫藏地区蒙藏势力的联系提供了机会。在宗噶罗布仁钦得到了“蒙藏汗王的钧旨”（bod sog gi rgyal-povi bkav），从各个堡寨头人（rdzong-mgo）那里征集人马，组建了一支护卫

① 阿旺贡噶伦珠吐丹格勒迥乃索南坚赞:《达仓热巴传》(藏文版),第36叶正面。

② 陈庆英:《固始汗和格鲁派在西藏统治的建立和巩固》,《中国藏学》2008年第1期,第73—76页。

军（skyel–ma）。[1]显然，罗布仁钦的行动可能得到了刚刚在卫藏地区建立统治的固始汗和五世达赖喇嘛的支持。之后，罗布仁钦又与一支500人的蒙古军队成功会师，他可能想利用这支部队进攻拉达克收复古格。但拉达克国王森格南杰探听到这一军情后，亲自进行全国战争动员，立即征集上下拉达克、桑噶尔、日土、普兰等地的军队从拉达克的腹地旺列（wan–le）出发进驻古格。罗布仁钦见状只得放弃对古格的进攻，率部后撤。森格南杰在古格驻防了一个月，然后撤兵返回旺列，回到拉达克后不久，森格南杰就薨逝了。《达仓热巴传》上记载的森格南杰的死亡时间是水马年（1642年）霍尔月的九月。[2]不过，尽管古格亡国后的十多年间，罗布仁钦的复国活动十分活跃，但由于实力有限，一直没有什么起色。

尽管依靠像罗布仁钦这样的古格旧势力的小打小闹，基本上是不可能从拉达克手上夺回古格故地的。但另一方面，拉达克也很难真正兼并古格。拉达克虽然以军事手段征服了古格，取代了古格王室的统治，但缺乏有效的地方行政管理体制。这一点跟后来收复古格故地后，在阿里地区建立起以四宗

① 阿旺贡噶伦珠吐丹格勒迥乃索南坚赞：《达仓热巴传》（藏文版），第39叶正面。

② 阿旺贡噶伦珠吐丹格勒迥乃索南坚赞：《达仓热巴传》（藏文版），第40叶正面。

六本为核心的地方行政体制的甘丹颇章政权比起来，显得尤为落后。阿里三围地域广大，星罗棋布的各个河谷绿洲又被众多的山脉和荒原分隔，在没有一个强有力的地方行政体制加持的情况下，拉达克根本没法建立起一个以列城为中心的统治拉达克、桑噶尔、古格的中心集权式的王朝。军事强人森格南杰死后，拉达克王室不得不用传统的王子分封制来解决这一难题。1647年，拉达克举行了一次全体王臣会议，森格南杰的三个儿子瓜分了拉达克统治下的阿里三围：次子因陀罗南杰（indra rnam-rgyal，又名“因陀罗菩提南杰”）获得了古格三区（原文为“bod-vbrog-rong-gsum”，分别代表农区、牧区和河谷农业区）为封地；幼子德却南杰（bde-mchog rnam-rygal）得到了桑噶尔和毕底而长子德丹南杰获得了整个阿里三围之王（mngav-ris skor-gsum thams-cad rgyal-po）的称号，是名义上的最高统治者，但实际管治的地方只有上下拉达克。①

历史何其相似！当年阿里王朝的开创者吉德尼玛衮死后，阿里王朝也是以这样的方式进行了一次所谓的“三衮占三围”的分封，最终形成了三大阿里王系政权——长子贝吉衮的后裔延续的拉达克、幼子德祖衮的后裔延续的桑噶尔和次子扎西衮的后裔延续的古格。森格南杰三子的分封如果传承数代之后，

① 阿旺贡噶伦珠吐丹格勒迴乃索南坚赞：《达仓热巴传》（藏文版），第45叶正面。

可以肯定地说，一定会再次出现新的不再从属于拉达克的古格王国和桑噶尔王国。而且跟此前一样，新的古格王国和桑噶尔王国也是系出同源，说不定到时会出现跟“三衮占三围”一样的“三个南杰分占三围”的传说。德却南杰及其后裔在桑噶尔的统治就很不顺利，最后桑噶尔在18世纪中期成功实现了复国，桑噶尔王统得以一直延续到近代。①

有意思的是，古格亡国后有以洛桑白玛扎西为代表的古格王子活跃于古格和西藏的历史舞台上，也有以罗布仁钦为代表的一帮旧臣的复国活动，但古格这次亡国还是让古格从此消失在了历史之中。与桑噶尔的走老路不同，古格在其后的历史发展中跟甘丹颇章政权一起走上了一条新路。古格亡国十二年后，甘丹颇章政权建立，自吐蕃王朝崩溃以后西藏内部的分治割据局面逐渐得以终结；古格亡国五十年后，甘丹颇章政权收复古格故地，阿里地区与卫藏地区终于实现了自吐蕃王朝崩溃以来的第二次政治上的统一。可以说，格鲁派和甘丹颇章政权的出现，是西藏政治文化传统的重大转型。格鲁派出现以前，藏传佛教中特定的教派总是与特定地区及当地豪族势力联系在一起的。尽管这些教派最初并无将本派的利益与某一特定的地区及当地豪族势力捆绑起来的意图，但在后来的发展过程中却

① David L. Snellgrove and Tadeusz Skorupski, *The Cultural Heritage of Ladakh 2:Zangskar and the Cave Temple of Ladakh,* p.14.

不可避免地在某一地方取得了其他地方所不可取代的特殊利益，而不得不将教派利益与地方豪族势力结合。例如萨迦派之于萨迦地区，蔡巴派之于蔡公堂地区，止贡派之于止贡地区。因此，教派地方化成为11—14世纪西藏政教发展史上的一个显著特点，特别是教派地方化的趋势在元朝统治西藏后还因为政治体制的原因而有所强化。元朝统治集团进入西藏后不得不承认西藏的教派与地方豪族势力相结合的基本状态，在扶持萨迦派主持西藏事务的同时，对各个教派与地方豪族势力也予以承认，敕封所谓的十三万户，表示对原有的教派与地方豪族势力的权益予以再次授权和保护。而十三万户有好几个要么本身就是教派政权，要么就是与某个教派有不可分割的政教联系。①

但格鲁派的兴起和发展却在教派集团中创造出一种全新的发展模式：不以某个中心地域为基础形成教派的核心实力，而是通过遍布西藏各地的寺院和教团组织教派集团。即格鲁派的教派集团以教义为核心而不再以地方为核心，一个可以代表整个西藏的民族文化和心理的教派终于产生了，因此卫藏和阿

---

① 十三万户正式产生于1368年前后元朝在西藏清理户口之时。十三万户中有些是萨迦派的附属势力和与萨迦派关系密切的地方势力，不过最大的三个万户止贡万户、蔡巴万户和帕竹万户却是带有自治性质的地方势力。而这三个势力又分别是由止贡派、蔡巴派和帕竹派所执掌，三派的核心实力也就是这三个万户。除十三万户之外主巴派也管辖着二百二十五个霍尔堆，实际上也是一个被元朝政府承认的合法的割据势力。参见恰白·次旦平措著，陈庆英等译：《西藏通史——松石宝串》，第404—406页。

里的最终统一最后由格鲁派来完成就绝不是偶然的了。宗喀巴的求学之路是从安多进入卫藏，而其证道后他的佛学主张又从卫藏传播到多康、阿里，遍布藏区各地。宗喀巴在创立格鲁派之前，走遍了卫藏各地，广泛吸收了后弘期前期各大教派的高深教法和优良传统，他的求学过程与当时的各教派都有关系。格鲁派以卫藏地区的四大寺甘丹寺、哲蚌寺、色拉寺和扎什伦布寺为中心，将散居在全西藏的各个格鲁派寺院作为属寺，建立起层层相连的隶属关系，形成上下相制的严密的寺院体系。在教派组织上的这一特点使得格鲁派的教团系统本身已无后弘期前期的那些教派中的割据因素，为格鲁派后来发展成为整个西藏的教派而不是西藏某个区域集团的宗教势力打下了坚实的基础。

格鲁派形成后，很快就从卫藏地区传入了西部的阿里地区。事实上，格鲁派在形成过程中就在阿里地区打下了一定的基础。格鲁派最初的扩展方式是以师徒关系为主体力量进行的，尤其是宗喀巴本人的弟子在格鲁派最初形成和发展过程中做出了巨大的贡献，而格鲁派的主张也是通过这些弟子的宗教活动传到西藏各地的。宗喀巴一生收徒众多且相当广泛，没有门户之见，也没有地域之见。他的弟子中好些是从其他教派中转过来的，比如宗喀巴圆寂之后继任格鲁派法主之位的大弟子贾曹杰原本是萨迦派的，一世班禅克珠杰最初也是萨迦派的信徒，而创立哲蚌寺的扎希贝敦和创立色拉寺的释迦也失则有噶举派的背景，一世达赖根敦珠最初加入的则是噶当派。[①]除了教派来源的多元化外，宗喀巴的弟子们的地域来源也是多元化的，包括了卫藏、多康和阿里等所有藏区的青年才俊。所以格鲁派在传入古格之前，已经为古格地区培养了不少佛教人才，使得从后弘期教派佛教兴起以来古格缺乏高僧大德的困境有所缓解。而这些来自古格的杰出弟子后来大多回到家乡传播本派的教法，成为格鲁派的古格弘法队伍中的骨干力量。

从15世纪到17世纪的二百年间，格鲁派在古格取得突飞猛进的发展。格鲁派传入古格后做到了落地生根，格鲁派与古格本土佛教势力结合，深深地根植于古格社会之中，做到了教团组织的本土化和教派人才的本地化。与后弘期前期卫藏教派在古格的传教需要持续不断地从卫藏总部派遣教团和宗教人才到古格地区主持大局不同，格鲁派完全融入古格社会，在古格兴建寺院，建立起本土化的僧团。同时还为古格本地培养出一大批可以独当一面的佛教高僧，使得格鲁派的势力在古格远远超过了其他教派，特别是在后期格鲁派已经在意识形态和组织力量上都成为古格政权的精神支柱。而格鲁派在古格也得到了古格政权和王室的全方位的照顾，甚至古格格鲁派首脑人物多出

---

① 曹自强：《宗喀巴大师及其弟子对藏传佛教格鲁派的贡献》，《中国宗教》2006年第3期，第32—33页。

自古格王室，这为古格格鲁派提供了许多社会、经济方面的利益和优势。古格亡国后，古格的格鲁派并没有消失，但其利益则失去了维护者。据《颇罗鼐传》的说法，后来甘丹颇章政权收复古格故地后，对古格末代王子进行过册封："因广寒药乡之天七墀、中二顶、地六勒、八德、五赞等三怙主幻化的历代神圣藏王，与拉达克王臣结下怨仇，所以不再相认祖先。为了明确王子洛桑白玛是西藏的近亲，加以抚慰，赐千余户，封为王。这样，就在阿里翦除了反叛的部落，使之迷途知返，走上正道。"[①]但古格王室却并没有借助甘丹颇章政权收复古格的契机得以复兴，重新执掌古格的事务。因为这个时候的古格已经不再需要一位国王，而是需要一个能够代表和维护当地格鲁派利益的政治力量。

古格亡国后，因为拉达克在教派上坚持尊奉主巴派，试图将拉达克王室改造成格鲁派的支持者几乎是不可能的。如后来获得古格为封地的拉达克王子因陀罗菩提南杰也是一个忠实的主巴派信徒。他早在1630年时已在拉达克的主巴派寺院塔那寺出家为僧，后来又成为达仓热巴的弟子。1649年因陀罗菩提南杰还迎请达仓热巴到古格传法，达仓热巴还到访了古格格鲁派

---

① 多卡夏仲·策仁旺杰著，汤池安译：《颇罗鼐传》，西藏人民出版社，2002年，第21页。

的总部托林寺。[1]但随着1642年以格鲁派僧团为领导核心的甘丹颇章政权建立，能够代表和维护当地格鲁派利益的政治力量就出现了，这个政治力量在卫藏地区已经形成并正在经历着强势的发展上升期。等到卫藏的局势稳定下来以后，甘丹颇章政权就开始着手解决古格格鲁派的问题了。

1652年甘丹颇章政府的代表香·扎西则巴和主巴噶举派在卫藏地区的大寺噶尔寺的强佐珠觉一起抵达拉达克。由于古格王国灭亡后西部地区格鲁派失去重要的政治支持，在经济上不免陷入困境，因此会谈期间甘丹颇章政权试图要求拉达克将以前古格王室的庄园移交给当地的格鲁派作为寺产。1655年甘丹颇章政权趁护送达仓热巴的继任者、噶举派的四世主钦活佛的弟子珠旺活佛前往拉达克担任国王上师的机会，尽力向拉达克示好。1661年拉达克允诺将在阿里地区给予格鲁派适当的照顾，而甘丹颇章政府也承诺在卫藏地区优待主巴噶举派。此后一段时间内双方关系尚算稳定，1664年拉达克遣使到拉萨示好，而甘丹颇章政府则将《达仓热巴诗集》和《白玛噶波全集》这两部主巴派的经典著作赠送给拉达克。[2]这一举动不但表达了甘丹颇章政

---

① 阿旺贡噶伦珠吐丹格勒迥乃索南坚赞：《达仓热巴传》（藏文版），第47叶背面。

② Luciano Petech: *The Kingdom of Ladakh C.950-1842 A.D.*, pp.59–63；［意］毕达克著，沈卫荣译：《拉达克王国史（950—1842）》，第60—64页。

府对拉达克政府的好意，也表示了格鲁派对主巴噶举派的尊重。于是从17世纪50年代到70年代初的大部分时间里，主巴派与格鲁派、拉达克政权与卫藏政权之间都保持着友好关系。

尽管双方对彼此也有着各种的不满情绪，但都还比较克制。如1655年甘丹颇章政府虽然给予主巴派赴拉达克的使团以热情的招待，但五世达赖喇嘛的内心却并不像表面上看来那么愉快，他在自传中说："德钦曲科巴、珠旺巴、顶波且巴三位活佛和名叫杰布的强佐等阿里的人为请求护持及别的事情一起前来，向我奉献了绸缎和宝石为主的礼品。我为他们加持，我想这对西部的人会有益处吧！在就座饮茶时，我们谈了许多话，看来几位活佛的内部不太协和，不像单独出来时那样自在，像是修大手印的人在静修时深恐出了差错的样子。"[①]可见五世达赖喇嘛虽然对主巴派的活佛印象不好，但并不妨碍他为了格鲁派在古格的利益而与之搞好关系。同样地，五世达赖喇嘛对拉达克政府也并无多少好感，1667年拉达克的两个使者的表现就让五世达赖颇为失望："这两个（使者）一声不吭，一副愚昧之相。虽然是阿里王的使者，却如同一般的朝圣者，一副自暴自弃的样子。"[②]但在接见拉达克使者时，五世达赖

① 五世达赖著，陈庆英译：《五世达赖喇嘛自传》（上），中国藏学出版社，2006年，第289页。

② 五世达赖著，陈庆英译：《五世达赖喇嘛自传》（上），第452页。

喇嘛仍然能够按礼款待。

然而，古格的格鲁派在失去古格王室的庇护后，情况却非常不妙，经济实力一落千丈，常常捉襟见肘，这使得以格鲁派为主导的甘丹颇章政府不得不为之提供经济援助。1668年五世达赖派遣定本（lding-dpon）贝雅（dpal-yag）前往阿里给当地的格鲁派寺院发放了布施，[①]1672年五世达赖再次派出扎西孜乃等人前往阿里给当地的58座格鲁派寺院和3900多名僧人发放了茶叶和银两。[②]可见即使经过了多年的困难，当时格鲁派在古格和拉达克一带的寺院规模还是很大的。不过这样一来，甘丹颇章政府因为古格格鲁派的众多寺院和庞大的僧团而背上了沉重的经济负担。当时，甘丹颇章政府曾试图要求已经成为拉达克主导教派的主巴派向古格的格鲁派提供一些经济支持，但是遭到拒绝，主巴派甚至抵制五世达赖派往古格主持格鲁派事务的贝雅。[③]这些事件使得表面上相安无事的双方矛盾日积月累，互相怨恨。

其实，主巴派和拉达克政府对格鲁派采取相安无事的政策，也是暂时为势所迫，不得不然。由于主巴派在达仓热巴之

---

① 五世达赖著，陈庆英译：《五世达赖喇嘛自传》（下），中国藏学出版社，2006年，第6页。

② 五世达赖著，陈庆英译：《五世达赖喇嘛自传》（下），第83页。

③ 五世达赖著，陈庆英译：《五世达赖喇嘛自传》（下），第28页。

后缺乏有政教才干的高僧在拉达克活动，发展势头大不如前。接替达仓热巴的珠旺是一个醉心于敛财的人物，他到拉达克以后以贪婪而闻名。[①]这样一个人自然在教派政治中没有野心，主巴噶举派与格鲁派才得以暂时相安。五世达赖就认为他“因迂拙而少有作为，但是品德很好，对格鲁、主巴两派能做到不偏不倚，因此未出现祸由”。[②]而对拉达克政府而言，暂时与甘丹颇章政府交好也是一种策略需要。从1663年开始，拉达克遭到来自印度的莫卧儿帝国奥朗则布皇帝的侵略威胁，为避免两面受敌不得不同卫藏地方政权保持和平以免两面受敌。不久，表面上短暂地接受了莫卧儿帝国的宗主权，但从70年代初开始，由于奥朗则布将注意力转回印度次大陆，来自莫卧儿帝国的威胁基本解除。[③]而从1670年起，拉达克又开始忙于向周边小邦开战，1673年攻入普日，1674年又侵入巴尔蒂斯坦。[④]这无疑有助于拉达克和卫藏政权之间友好关系的继续维持。

由于双方表面友好关系的出现是基于上述如此众多的外部

① Luciano Petech: *The Kingdom of Ladakh C.950-1842 A.D.*, p.61; ［意］毕达克著，沈卫荣译：《拉达克王国史（950—1842）》，第62页。

② 五世达赖著，陈庆英译：《五世达赖喇嘛自传》（上），第289页。

③ 汤池安：《评伯戴克关于1681年西藏边境战争的性质问题》，《西藏研究》1995年第1期，第150页。

④ Luciano Petech: *The Kingdom of Ladakh C.950-1842 A.D.*, p.67; ［意］毕达克著，沈卫荣译：《拉达克王国史（950—1842）》，第66页。

因素综合作用的结果，故而一旦出现某些突发事件，双方关系的恶化就不可避免。1675年甘丹颇章政府同不丹之间的冲突最终使得拉达克和卫藏政权之间的矛盾激化。1642年格鲁派推翻第悉藏巴政权后曾试图将影响力扩张到不丹地区，但由于阿旺南杰本身的遭遇，不丹及其境内的主巴派对卫藏政权颇为反感。而且，由于格鲁派当年拒绝参加阿旺南杰举行的第十八世主巴噶举派教主的就任大典就已与之结怨。[①]格鲁派建政之初也曾试图以武力让不丹归附，然而从1644年到1657年卫藏政权连续三次用兵不丹都无功而返。60年代以后不丹甚至力图将主巴派的势力渗透到西藏门隅地区，1668年不丹军队分兵三路攻入门隅地区，激起卫藏政权的愤怒，1675年双方再次爆发战争，不丹被迫退出门隅地区。[②]然而正是这次不丹—卫藏之间偶发的军事冲突，使本来就相互不满的拉达克与卫藏政权的关系完全破裂。

由于共同尊奉主巴派，拉达克与不丹很早就开始共同进退。1661年不丹与卫藏发生冲突时，拉达克国王就派出代表到拉萨向和硕特汗王和五世达赖施压，已让五世达赖很不愉快了。[③]而从17世纪70年代中后期开始，年迈的拉达克国王德丹南杰将

---

① 房建昌：《主巴噶举派在西藏的活佛及在国外的发展》，《中央民族学院学报》1990年第1期，第74页。

② 周娟：《1616年至1959年的不丹与中国西藏关系史研究》，兰州大学博士学位论文，2007年，第34—37页。

③ 五世达赖著，陈庆英译：《五世达赖喇嘛自传》（上），第366页。

国政交付给长子德雷南杰。可以肯定，德雷南杰也是一个主巴派的信徒，他的名字还是达仓热巴取的。[1]而德丹南杰的另一个儿子阿旺彭措南杰则是拉达克格鲁派的首领。由于他的兄弟成为格鲁派的首领，德雷南杰上台后对格鲁派的态度应更加严厉。1675年不丹—卫藏冲突爆发后，拉达克与卫藏边境地区就开始出现小规模的骚乱，洛哦和日土一带的拉达克官员在国王的授意下开始骚扰后藏与阿里交界的萨嘎和卓雪地区。为此甘丹颇章政府委任阿松和卓哦噶布前往萨嘎主持军政事务，暂时稳定了局面。[2]

甘丹颇章政府本就对阿里地区格鲁派的处境艰维耿耿于怀，这次事件使得五世达赖决心出兵阿里。事实上如果仅就军事力量而言，当时在拉达克领导下的阿里地区的战斗力是不可低估的。阿里地区的地理优势不但可以使它比卫藏地区更有利于接近印度的文化成果，而且也方便它得到南亚和中亚的军事技术。由于西方很早就在印度开始了殖民活动，西方的先进武器在印度得到广泛的使用，当时的南亚诸国已大量装配火炮和火枪。这些先进的军事技术可能早在古格末期就已传入阿里地区，现存古格遗址中有大量的火枪和火炮残件，有学者认为古

---

① Luciano Petech: *The Kingdom of Ladakh C.950-1842 A.D.*, p.69;［意］毕达克著，沈卫荣译：《拉达克王国史（950—1842）》，第67页。

② 多卡夏仲·策仁旺杰著，汤池安译：《颇罗鼐传》，第11页。

格王国末期已掌握了仿制火枪和火炮的技术。[①]考虑到拉达克的地理位置比古格更易于接触和吸收西方的新军事技术，且后期曾多次打败古格并将其灭亡，则拉达克的军事技术可能比古格还要略胜一筹。因此对于是否要对拉达克开战，卫藏政权一直有所顾忌。不过五世达赖的立场却非常坚定，1679年战争前夕，他对侍臣说："如果教法不兴，就不能坐享上师的俸禄，要修行佛法，遂决定用兵阿里，不能延缓。"[②]随后五世达赖选定在扎什伦布寺出家的蒙古王子噶丹才旺率领蒙藏联军进兵阿里，先后将普兰、古格和日土等地的拉达克军队击溃，一度攻入拉达克政权的首府列城。后来由于战线过长加上莫卧儿帝国的干涉，蒙藏联军不得不退出拉达克。但此次战争的目的基本上已经达到，即将拥有众多格鲁派寺院和僧众的原古格王国辖区纳入甘丹颇章政权的直接控制之下，并迫使拉达克正式表态成为甘丹颇章政权的藩属。[③]

甘丹颇章政权统一阿里后，首先就将宗谿制度引入阿里地区。拉达克—卫藏战争结束后不久，1685年4月，甘丹颇章政

---

① 王援朝：《古格王国兵器与外域文化的影响》，《中国藏学》1998年第2期，第103—104页。

② 五世达赖著，陈庆英译：《五世达赖喇嘛自传》（下），第337页。

③ 伯戴克著，汤池安译：《1681至1683年西藏、拉达克以及莫卧儿的战争》，《国外藏学研究译文集》（第12辑），西藏人民出版社，1995年，第209—236页。

府派出了第一批阿里各地方宗豁的行政长官——宗堆（rdzong-sdod）。甘丹颇章时期阿里基恰所辖的宗在各个时期略有不同，但最核心的宗有四个，即日土、扎布让、达巴、普兰。宗的地位大致相当于内地的县，在西藏具有基层地方行政机构的作用。四宗采用流官制度，即将阿里地区的行政管理权集中于拉萨贵族之手。这样，甘丹颇章政权在将阿里地区纳入治下后，通过将宗豁制运用到古格故地，使古格故地与卫藏地区的一体化进程大大加快。[①]宗豁制的引入，对古格故地的影响是巨大的。甘丹颇章政权的宗采用流官制度，即将古格故地的行政管理权集中于拉萨贵族之手，经过宗豁的设置，甘丹颇章政权在阿里的基层地方行政体制基本确立下来。卫藏中心政权将宗豁制度引入阿里地区，成为古格故地最重要的行政单位，真正使得古格与卫藏成为一体。可以说，古格后来既消失了，又并没有消失，它只不过是在卫藏一体化的过程中，与卫藏地区越来越像，从而泯然众人。

① 参见黄博：《四宗六本：甘丹颇章时期西藏阿里基层政权初探》，《中国藏学》2016年第2期。

参考文献

一、藏文论著

格勒贝桑编：《克珠杰文集》（藏文版），扎什伦布寺木刻版，新德里，1983年。

大司徒·绛曲坚赞：《朗氏家族史》（藏文版），西藏人民出版社，1986年。

娘若·尼玛维色：《娘若教法源流》（藏文版），西藏人民出版社，1988年。

《科迦寺志》（藏文版），西藏阿里文化保护委员会编印，1988年。

《藏族历代文学作品选》（藏文版），青海民族出版社，1988年。

第悉桑结嘉措：《格鲁派教法史——黄琉璃宝鉴》（藏文版），中国藏学出版社，1989年。

罗桑益喜：《第四世班禅传》（藏文版），西藏人民出版社，1990年。

噶托·仁增才旺罗布：《贡塘王系——水晶明镜》（藏文版），《西藏史籍五部》，西藏藏文古籍出版社，1990年。
贡觉旦增：《冈底斯山志》（藏文版），西藏人民出版社，1992年。
桑结达波：《郭仓巴传》（藏文版），青海民族出版社，1993年。
古格堪钦·阿旺扎巴：《阿里王统记》（藏文版），纪念托林寺建寺1000周年筹备小组编印，1996年。
巴卧·祖拉陈瓦：《贤者喜宴》（藏文版），民族出版社，2006年。
古格·次仁加布：《阿里文明史》（藏文版），西藏人民出版社，2006年。
索南孜摩：《入法门论》（藏文版），《萨迦全集》（藏文版），中国藏学出版社，2007年。
郭查·索南朵杰：《拉嘉里史集》，《西藏文史资料选辑·第7辑》（藏文版），四川民族出版社，2009年。
根敦嘉措：《根敦嘉措全集》（藏文版），中国藏学出版社，2010年。
古格班智达扎巴坚赞：《拉喇嘛益西沃广传》（藏文版），西藏人民出版社，2013年。
古格班智达扎巴尖参：《太阳王系和月亮王系》（藏文版），西藏人民出版社，2014年。
《拉达克王统记》（藏文版），弗兰克版。
阿旺贡噶伦珠吐丹格勒迥乃索南坚赞：《达仓热巴传》（藏文版），德钦曲科寺（bde-chen chos-vkhor gling）木刻本。
旺秋贝丹：《丹巴却列参坚传》（藏文版），木刻本。
第悉桑结嘉措：《五世达赖喇嘛续传》（藏文版），木刻本。

二、外文论著

（一）专著

A. Cunningham, *Ladak: Physical, Statistical and Historical*, London,1854.

A.H.Francke, *Antiquities of Indian Tibet: Part II The Choronicles of Ladakh and Minor Chronicles*, Superintendent Government Printing, Calcutta, 1926.

Buddhism in the Himalayan Belt and Beyond, Tibet and India's Security: Himalayan Region, Refugees and Sino-Indian Relations, IDSA Task Force Report, 2012, Institute for Defence Studies and Analyses, New Delhi, 2012.

Luciano Petech, *The Kingdom of Ladakh C.950-1842 A.D.*, Istituto Itallano Per Il Medio Ed Estremo Oriente, Rome, 1977.

David L. Snellgrove and Tadeusz Skorupski, *The Cultural Heritage of Ladakh 2:Zangskar and the Cave Temple of Ladakh*, ARIS & PHILIPS, 1977.

O. C. Handa, *Buddhist Monasteries in Himachal Pradesh*, Indus Publishing Company, New Delhi, 1987.

C.T.Dorji, *History of Bhutan Based on Buddhism*, Indian Books Centre, Delhi, 1994.

Janet Rizvi, *Ladakh: Crossroads of High Asia*. Second Edition, Oxford University Press, 1996.

Roberto Vitali, *The Kingdoms of Gu.ge Pu.hrang*, Indraprastha Press, New Delhi, 1996.

Deepak Sanan, Dhanu Swadi, *Exploring Kinnaur and Spiti in the Trans-Himalaya*, Indus Publishing Company, 1998.

Ahluwalia, Manjit Singh, *Social, Cultural and Economic History of Himachal Pradesh*, Indus Publishing, 1998.

Harish Kapadia, *Spiti:Adventures in the Trans-Himalaya*, Indus Publishing House, New Delhi, 1999.

S.C. Bajpai, *Lahaul-Spiti: A Forbidden Land in the Himalayas*, Indus Publishing, 2002.

Luciano Petech, *Ya-Ts'e, Gu-ge, Pu-rang: A New Study*, The History of Tibet （Volume II）, Routledge Curzon, London, 2003.

則武海源：《西チベット仏教史·仏教文化研究》，山喜房佛書林出版社，2004年。

C. Wessels, *Early Jesuit Travellers in Central Asia 1603-1721*, Low Price Publications, Delhi, 2008.

Prem Singh Jina, *Cultural Heritage of Ladakh Himalaya*, Kalpaz Publications, 2009.

Dr. Prem Singh Jina, *Stagna: A Lho-Druk Monastery Of Ladakh Himalaya*, Sri Satguru Publication, 2012.

（二）论文

A. F. P. Harcourt, "On the Himalayan Valleys: Kooloo, Lahoul, and Spiti", *The Journal of the Royal Geographical Society of London*, Vol. 41 （1871）.

Giuseppe Tucci, "Tibetan Notes (II: The Diffusion of the Yellow Church in Western Tibet and the Kings of Guge) ", in *Harvard Journal of Asiatic Studies*, XII, 1949.

F.A. Peter, "Glossary of Place Names in Western Tibet", *The Tibet Journal*, Vol. 2, No. 2 (Summer 1977) .

David L. Snellgrove and Tadeusz Skorupski, *The Culture Heritiage of Ladakh, Vol.1: Central Ladakh*, 1977.

Joachim Karsten, "Some Notes On The House of Lha rGya-ri", Michael Aris and Aung San Suu Kyi eds, *Tibetan Studies in Honour of Hugh Richardson. Proceedings of the International Seminar on Tibetan Studies* (Oxford 1979) , Ltd: Warminster, England, 1980.

S. S. Papiha, S. M. S. Chahal, D. F. Roberts, K. J. R. Murty, R. L Gupta and L. S. Sidhu, "Genetic Differentiation and Population Structure in Kinnaur District, Himachal Pradesh, India", *Human Biology*, Vol. 56, No. 2 (May 1984) .

Deborah Klimburg-Salter, "Tucci Himalayan Archives Report, 1: The 1989 Expedition to the Western Himalayas, and a Retrospective View of the 1933 Tucci Expedition", *East and West*, Vol. 40, No. 1/4 (December 1990) .

Laxman S. Thakur, "A Tibetan Inscripiton by lHa Bla-ma Ye-Shes-'od from dKor (sPu) Rediscovered", *Journal of the Royal Asiatic Society of Great Britain &Ireland*, Volume 4,Issue 3, 1994.

Tsewang Rigzin, Hemis: " The Richest Monastery in Ladakh" , Edited by Prem Singh Jina, *Recent Researches on the Himalaya*, Indus Publishing Company, 1997.

Howard, N. F, "The Political Geography of South-east Zanskar, and a Reconsideration of the Royal Chronologies of Zanskar and Ladakh in the 15th Century" , *South Asian Studies*, Volume 18, Issue 1, 2002.

Pascale Dollfus, "The Great Sons of Thang stong rgyal po: the Bu chen of the Pin valley, Spiti" , *The Tibet Journal*, Vol.29, No.1 (Spring 2004) .

Neil Howard and Kath Howard, "Historic Ruins in the Gya Valley, Eastern Ladakh, and a Consideration of Their Relationship to the History of Ladakh and Maryul" , *Brill's Tibetan Studies Library*, Vol.35 (*Art and Architecture in Ladakh: Cross-Cultural Transmissions in the Himalayas and Karakoram*) , 2014.

Halkias, Georgios T, "The Muslim Queens of the Himalayas: Princess Exchanges in Baltistan and Ladakh" , in *Islam and Tibet–Interactions along the Musk Routes*, Routledge, 2016.

Sonam Lamo, "Sakya Tradition in Tibet & Ladakh Region" , *The Tibet Journal*, Vol. 44, No. 1 (Spring/Summer 2019) .

Birgit Androschin & Carmen Auer, "The Monastic Complex of Nyarma, The Ancient Monastic Complexes of Tholing, Nyarma and Tabo" , *Buddhist Architecture in the Western Himalayas*, Issue 3, Verlag der Technischen

Universität Graz, 2021.

三、汉文论著

（一）专著

中科院青藏高原科考队：《西藏自然地理》，科学出版社，1982年。
廓诺·迅鲁伯著，郭和卿译：《青史》，西藏人民出版社，1985年。
达仓宗巴·班觉桑布著，陈庆英译：《汉藏史集》，西藏人民出版社，1986年。
布顿大师著，郭和卿译：《佛教史大宝藏论》，民族出版社，1986年。
伯戴克著，周秋有译：《十八世纪前期的中原和西藏》，西藏人民出版社，1987年。
伍昆明：《早期传教士进藏活动史》，中国藏学出版社，1992年。
杨贵明、马吉祥编译：《藏传佛教高僧传略》，青海人民出版社，1992年。
张怡荪等编：《藏汉大辞典》，民族出版社，1993年。
直贡·丹增白玛坚参著，克珠群培译：《直贡法嗣》，西藏人民出版社，1995年。
马克思、恩格斯：《马克思恩格斯全集》，人民出版社，1995年。
托斯卡诺著，伍昆明、区易炳译：《魂牵雪域——西藏最早的天主教传教会》，中国藏学出版社，1998年。
索南坚赞著，刘立千译注：《西藏王统记》，民族出版社，2000年。

五世达赖喇嘛著，刘立千译注：《西藏王臣记》，民族出版社，2000年。
牙含章：《班禅额尔德尼传》，华文出版社，2001年。
释迦仁钦德著，汤池安译：《雅隆尊者教法史》，西藏人民出版社，2002年。
多卡夏仲·策仁旺杰著，汤池安译：《颇罗鼐传》，西藏人民出版社，2002年。
班钦·索南查巴著，黄颢译：《新红史》，西藏人民出版社，2002年。
恰白·次旦平措等著，陈庆英等译：《西藏通史——松石宝串》，西藏古籍出版社，2003年。
杨辉麟：《西藏佛教寺庙》，四川人民出版社，2003年。
五世达赖喇嘛阿旺洛桑嘉措著，陈庆英、马连龙、马林译：《五世达赖喇嘛传》（上下册），中国藏学出版社，2006年。
五世达赖喇嘛阿旺洛桑嘉措著，陈庆英译：《一世—四世达赖喇嘛传》，中国藏学出版社，2006年。
章嘉·若贝多杰著，蒲文成译：《七世达赖喇嘛传》，中国藏学出版社，2006年。
布顿·仁钦珠著，蒲文成译：《布顿佛教史》，甘肃民族出版社，2007年。
第悉桑结嘉措著，许德存译、陈庆英校：《格鲁派教法史——黄琉璃宝鉴》，西藏人民出版社，2009年。
图齐著，魏正中、萨尔吉主编：《梵天佛地第三卷：西藏西部的寺院及其艺术象征》（第二册 扎布让），上海古籍出版社，2009年。
图齐著，魏正中、萨尔吉主编：《梵天佛地第三卷：西藏西部的寺院及其艺术象征》（第一册 斯比蒂与库那瓦），上海古籍出版社，2010年。
王森：《西藏佛教发展史略》，中国藏学出版社，2010年。
巴卧·祖拉陈瓦著，黄颢、周润年译注：《贤者喜宴——吐蕃史译注》，中央民族大学出版社，2010年。
林冠群：《唐代吐蕃史研究》，联经出版事业股份有限公司，2011年。
管·宣奴贝著，王启龙、达克加译，王启龙校注：《青史》（足本）：第一部，中国社会科学出版社，2012年。
米尔咱·海答儿著，王治来译注：《赖世德史》，上海古籍出版社，2013年。
王建林、陈崇凯：《西藏农牧史》，社会科学文献出版社，2014年。
陈庆英、张亚莎主编：《西藏通史·宋代卷》，中国藏学出版社，2016年。
喜饶尼玛、王维强主编：《西藏通史》（清代卷下），中国藏学出版社，2016年。
熊文彬、陈楠主编：《西藏通史》（明代卷），中国藏学出版社，2016年。
沈卫荣、侯浩然：《文本与历史：藏传佛教历史叙事的形成和汉藏佛学研究的建构》，北京大学出版社，2016年。
张云、林冠群主编：《吐蕃通史：吐蕃卷》，中国藏学出版社，2016年。
巴卧·祖拉陈瓦著，黄颢、周润年译注：《贤者喜宴·吐蕃史》，青海人民出版社，2017年。
毕达克著，沈卫荣译：《拉达克王国史（950—1842）》，上海古籍出版社，2018年。
克里斯汀·卢扎尼兹著，熊文彬、赵敏熙译：《喜马拉雅西部早期佛教泥塑：10世纪末至13世纪初》，中国藏学出版社，2018年。
第悉桑结嘉措著，索南才让译注：《格鲁派教法史——黄琉璃宝鉴》，青海人民出版社，2021年。
黄博：《10—13世纪古格王国政治史研究》，社会科学文献出版社，2021年。

（二）论文

巴卧·祖拉陈瓦著，黄颢译注：《〈贤者喜宴〉摘译》，《西藏民族学院学报》1980年第4期。
洛桑群培：《西藏历史地名玛尔域（mar yul）和芒域（mang yul）辨考》，《藏族史论文集》，四川民族出版社，1988年。
陈庆英：《从敦煌文献P.T.999号写卷看吐蕃史的几个问题》，《藏学研究论丛》第1辑，西藏人民出版社，1989年。
桑木丹·噶尔美著，米松译：《赞普天神之子达磨及其后裔的王统世系述略》，《国外藏学研究译文集》第5辑，西藏人民出版社，1989年。
熊文彬：《两唐书吐蕃传赞普世系及其政绩补证》（下），《西藏研究》1990年第4期。
房建昌：《主巴噶举派在西藏的活佛及在国外的发展》，《中央民族学院学报》1990年第1期。
伯戴克著，汤池安译：《1681至1683年西藏、拉达克以及莫卧尔的战争》，《国外藏学研究译文集》（第12辑），西藏人民出版社，1995年。
汤池安：《评伯戴克关于1681年西藏边境战争的性质问题》，《西藏研究》1995年第1期。

王援朝：《古格王国兵器与外域文化的影响》，《中国藏学》1998年第2期。

王献军：《对“政教合一制”定义的再认识》，《西藏研究》2002年第2期。

克珠群佩：《主巴噶举派早期历史简论》，《西藏研究》2003年第3期。

戚印平：《远东耶稣会的通信制度：以1587年丰臣秀吉传教士驱逐令的相关记述为例》，《世界宗教研究》2005年第1期。

林冠群：《朗达玛毁佛事迹考辨》，《唐代吐蕃史论集》，中国藏学出版社，2006年。

曹自强：《宗喀巴大师及其弟子对藏传佛教格鲁派的贡献》，《中国宗教》2006年第3期。

周娟：《1616年至1959年的不丹与中国西藏关系史研究》，兰州大学博士学位论文，2007年。

陈庆英：《固始汗和格鲁派在西藏统治的建立和巩固》，《中国藏学》2008年第1期。

黄博：《清代西藏阿里的域界与城邑》，《中国藏学》2009年第4期。

黄博：《拉喇嘛与国王：早期古格王国政教合一制初探》，《中国藏学》2010年第4期。

黄博：《三围分立：11世纪前后阿里王朝的政治格局与政权分化》，《中国藏学》2012年第3期。

黄博：《畏惧噶逻：西域葛逻禄与西藏古格王朝的传说与历史》，《藏学学刊》第9辑，四川大学出版社，2014年。

黄博：《清代西藏阿里地区城镇形态及其发展略论》，《青海民族大学学报（社会科学版）》2016年第1期。

黄博：《四宗六本：甘丹颇章时期西藏阿里基层政权初探》，《中国藏学》2016年第2期。

黄博：《古格时期西藏阿里地区的重要城堡与村镇略考》，《西藏宗谱：纪念古格·次仁加布藏学研究文集》，中国藏学出版社，2018年。

熊文彬：《西藏阿里札达县译师殿壁画年代及相关问题——兼论古格故城坛城殿和托林寺杜康殿壁画题记与年代》，《文物》2019年第2期。

主题索引

B

C

D

后　记

在我国西南边疆，西藏阿里地区，曾经存在过一个历时六百多年的古格王朝。在中原王朝的时间坐标中，它历经了宋、元、明三代，至明末因突然亡国而消逝于浩如烟海的西藏史籍之中。如今世人仍能在阿里各地发现众多废弃的古格城堡遗迹，在荒无人烟的崖穴中凝视着古格人留下的一幅幅精美绝伦的壁画，发怀古之思。

古格的灭亡，一向以神秘著称。然而世界上没有真正神秘的东西，如果有，只是我们对它的了解还不够罢了。事实上，在中国历史上很长一段时间里，古格的存在和消失几乎不为人知。老实说，我在宋、元、明三代卷帙浩繁的汉文史料中，很难看到古格的身影：宋人其实不知道古格在10世纪的兴起，明人也不知道古格在17世纪30年代突然亡国的奇幻故事。此后几百年，古格的故事，从世人的记忆中几乎彻底消失。哪怕是在古格故地，后世的阿里人，也主要是在学者们的刺激下，才重新找回了这段失落的历史。

古格是吐蕃王朝最重要的政治遗产，它的结局也意味着世俗君主体制在西藏已成明日黄花。古格的灭亡并不只是一个王朝的末路，更是一个旧时代的终结。古格的神秘，大概正缘于它与此后300年西藏社会在时代上的疏离感。过去的辉煌在不被理解中为世人所遗忘。此后的西藏史籍中，寺院掩蔽了城堡，活佛替换下君王。直到近代，当人们重新发现耸立在扎布让荒原的山崖上那宏伟的古格王城遗址时，甚至一度找不到它的主人是谁。我也曾经在古格王城的废墟上怅然行吟："绝壁王城萧索新，神幽妙趣伴荒榛。托林法鼓超千载，谁识当年古格人！"

这时，比古格的突然消失更为魔幻的事情出现了。近代西方人发现在古格亡国前夕，竟然有一批天主教传教士在宗教狂热的激情驱使下，曾经来到过古格王城扎布让。在古格王国烟消云散之后，他们成为那段历史的唯一见证者。于是过去的一百年里，古格亡国的种种，都是出自当年那批传教士所提供的古格故事。可惜的是，尽管传教士们对古格亡国的描述绘声绘色，但那些内容，要么是充满宗教激情幻想的臆说，要么是事后添油加醋的道听途说，这才留下了许多让人无法理解的谜团。

眼见未必为实！因为我们看到的东西，只有在经过大脑加工之后，才会输出成被讲述的内容。也就是说，我们见到什么，其实取决于我们以往的经验。因此，传教士虽然看到了1630年前后古格上演的剧情，但却未必能够真正看懂。古格亡国的神秘感，很多时候就来自这样的隔膜和曲解。

不同于既往研究，本书的古格亡国故事不再迷信传教士们在四百年前留下的那些白纸黑字，而是从藏文史籍和西藏社会的真实历史情境中，重新钩沉古格亡国的真相。当然，我所认为的真相，可能也未必就比当年传教士们看到的更真实。有时我也担心，我是不是步子迈得太大，走得太远。不过，好在“深描”丛书的理念，就是要“在严格遵循真正的学术规范、保证品质的前提下”，“绝不排斥富有想象力的冒险和越界”，这给了我机会，也借给了我胆量。

事实上，本书的写作动手很早，算起来距今已有十五六年了。2008年秋天我开始攻读博士学位，机缘巧合之下，选择了以西藏阿里地区的历史文化变迁作为我的博士论文选题。古格的灭亡及其原因，是最早吸引我的一个话题。但囿于史料的欠缺和解读史料能力的不足，这部分内容一直是笔糊涂账，我也不敢过多涉足，只在博士学位论文的最后一章简单地写了一节。博论的重点，都放到讨论古格早期政治制度和政治文化的特点上了。

2011年夏，我写完博论并完成答辩留校之后，便以博论为基础，成功申请到了2012年的国家社科基金青年项目。2021年3月，在博论和国社科结项成果的基础上，出版了我的第一部关于古格的学术专著《10—13世纪古格王国政治史研究》。该书出版后，获得了一些对神秘古格感兴趣的读者的关注，不过比起探索古格是如何崛起的，大部分读者更想知道古格是如何突然灭亡的。可惜，这个问题无论是申请课题，还是发表论文，都因过于天马行空而前景暗淡。一名历史爱好者纯粹的好奇心已经无法驱使我抛下应该做的“活路”，去恣意徜徉于那些不够学术的乐趣中了。

这时王东杰老师正好打算组织编写一套介于论文和专著之间，以叙事为主、兼以分析史实背后意义的 “轻学术”风格的丛书。于是，我又重新拾起这一被我束之高阁多年的话题。

2021年的春夏之交，我构想这本书，一方面秉承以小见大的原则，另一方面暂时放下过于正襟危坐、一丝不苟的写法。在讲述和揭示古格衰落、灭亡的过程中，一边犹如写游记一样在键盘上看看远方的风景——位于喜马拉雅山脉两侧的古格、普兰、毕底、库奴、桑噶尔和拉达克，至今仍然以其风光之美和交通之难而成为既小众又热门的旅游热地；一边尝试透过对古格灭亡这一小故事细致深密的开采，思考17世纪前后西藏乃至中国社会政治文化的转折与转型。

有意思的是，在写完了本书之后，我竟然被这种非典型论文的写作方式所吸引，一度投入到宋史通俗读物的写作中去了。在等待本书出版的过程中，我又写完并出版了两本书：《如朕亲临：帝王肖像崇拜与宋代政治生活》和《宋风成韵：宋代社会的文艺生活》，放开手脚地任性了一把。现在回过头来再看，本书恰好是我在学术与通俗之间的中间态。我想，本书应该比作为博论和国社科结项成果的《10—13世纪古格王国政治史研究》要好读，但肯定会比《如朕亲临》和《宋风成韵》要难读。

书稿完成于2021年夏天，现在终于等来了充满惊喜的时刻。承蒙巴蜀书社的大力支持，从编校到出版付出大量的时间和精力，本书现在能够与读者见面，实在是离不开巴蜀书社各位老师的辛苦工作，在此表示衷心的感谢。

最后，感谢本书写作和出版过程中关照和帮助过我的所有师友。

黄博

2024年3月于成都双流

图书在版编目（CIP）数据

扎布让的黄昏：1630年古格王朝的危机及其灭亡/黄博著. -- 成都：巴蜀书社, 2024.6
（深描丛书/王东杰主编）
ISBN 978-7-5531-1915-1

Ⅰ.①扎… Ⅱ.①黄… Ⅲ.①古格—地方史—研究 Ⅳ.①K297.5②K928.6

中国国家版本馆CIP数据核字（2024）第043739号

ZHABURANG DE HUANGHUN: 1630NIAN GUGEWANGCHAO DE WEIJI JIQI MIEWANG

扎布让的黄昏：1630年古格王朝的危机及其灭亡

黄博　著

策　　划	周　颖　吴焕姣
责任编辑	王　莹　易欣韡　杨梦潇
封面设计	周伟伟
内文设计	四川胜翔数码印务设计有限公司
出　　版	巴蜀书社
	四川省成都市锦江区三色路238号新华之星A座36楼
	邮编：610023　总编室电话：（028）86361843
网　　址	www.bsbook.com
发　　行	巴蜀书社
	发行科电话：（028）86361852
经　　销	新华书店
排　　版	四川胜翔数码印务设计有限公司
印　　刷	成都东江印务有限公司
版　　次	2024年6月第1版
印　　次	2024年6月第1次印刷
成品尺寸	130mm × 185mm
印　　张	8.5
字　　数	155千
书　　号	ISBN 978-7-5531-1915-1
定　　价	68.00元